数字经济时代的
电商创新模式研究

曹益平　王秀娟　刘晓婷 著

中国商业出版社

图书在版编目(CIP)数据

数字经济时代的电商创新模式研究 / 曹益平，王秀娟，刘晓婷著. -- 北京 ：中国商业出版社，2025. 6.
ISBN 978-7-5208-3456-8

Ⅰ. F724.6

中国国家版本馆 CIP 数据核字第 2025WX5285号

责任编辑：朱丽丽

中国商业出版社出版发行
（www.zgsycb.com　100053　北京广安门内报国寺 1 号）
总编室:010－63180647　编辑室:010－63033100
发行部:010－83120835/8286
新华书店经销
北京虎彩文化传播有限公司印刷
*
787 毫米×1092 毫米　16 开　8.5 印张　150 千字
2025 年 6 月第 1 版　2025 年 6 月第 1 次印刷
定价：45.00 元
*　*　*　*

前　言

随着全球数字化进程的加速，数字经济已成为全球经济增长的重要引擎。在这一大背景下，电子商务作为数字经济的重要组成部分，正经历着前所未有的变革与创新。传统的电商模式正在逐渐被打破，新的商业模式层出不穷，推动着整个行业的升级与转型。本书旨在深入探讨数字经济背景下电商行业的创新模式，分析其发展趋势，探究其对社会经济的影响，并为行业从业者和研究者提供有价值的参考。

进入21世纪以来，互联网技术的迅猛发展为电子商务的崛起提供了肥沃的土壤，尤其是移动互联网的普及，使电子商务突破了时间和空间的限制，让消费者享受更为便捷的购物体验。在这样的背景下，传统的电商模式已经难以满足日益增长的市场需求，创新成为电商企业发展的必然选择。随着大数据、人工智能、区块链、物联网等新兴技术的不断成熟，电商行业迎来了新的发展契机。这些技术不仅改变了企业的运营方式，还重塑了消费者的购物习惯。

本书从数字经济与电子商务概述入手，分别对数字经济时代的社交电商创新模式、直播电商创新模式、跨境电商创新模式及绿色电商创新模式进行了研究。希望通过本书的介绍，能够为读者在数字经济时代的电商创新模式研究方面提供帮助。

书中主要汇集了笔者在工作实践中取得的一些研究成果。在撰写过程中，参阅了相关的文献资料，由于水平有限，书中难免存在不足之处，敬请广大读者批评指正。

著　者

2025年4月

目 录

第一章　数字经济与电子商务概述

第一节　数字经济的定义与时代特征

一、数字经济的核心定义

（一）数据作为关键生产要素

数据在现代数字经济中扮演着至关重要的角色，是推动经济增长和创新的核心动力。作为关键生产要素，数据不仅提供了企业在信息化时代进行决策的基础，更成为制定战略的重要依据。通过对海量数据的收集和分析，企业能够更好地了解市场动态和消费者需求，从而制定更为精准的商业策略。数据的实时性和动态性使企业能够快速适应市场变化，提升竞争能力。快速响应能力在激烈的市场竞争中尤为重要，因为它直接关系企业的生存和发展。

数据驱动的商业模式创新为新兴行业和传统行业的融合提供了新的契机。在数字经济时代，数据不仅是信息的载体，更是创新的源泉。通过数据分析，企业可以发现新的市场机会，开发新的产品和服务，从而实现商业模式的创新。例如，电子商务平台通过对消费者购买行为的数据分析，能够为用户提供个性化的购物体验，提升用户满意度和忠诚度。数据的多样性和丰富性为企业提供了更广泛的创新空间，推动了整个行业的转型升级。

在数据驱动的经济环境中，个性化服务和精准营销成为可能。企业通过对用户数据的深入分析，能够为消费者提供量身定制的产品和服务。这不仅提升了消费者的满意度，也为企业创造了新的利润增长点。精准营销通过对消费者行为的分析，能够在合适的时间向合适的消费者推送合适的产品，提高营销的效率和效果。这种基于数据的营销策略在数字经济中得到了广泛应用，并取得了显著的成效。

（二）数字技术的深度融合

在电子商务领域，数字技术不仅推动了传统商业模式的变革，还催生了许多新的商业模式。将人工智能、区块链、云计算、物联网和大数据分析等技术应用于电商行业，企业能够更好地满足消费者的需求，提高运营效率和市场竞争力。人工智能在电商中的应用尤为显著，它通过智能推荐系统、语音助手和聊天机器人等方式，极大地提升了用户体验和运营效率。通过分析用户的行为数据，人工智能能够为用户提供个性化的购物建议，帮助电商企业实现精准营销。

区块链技术在供应链管理中的应用，提升了交易的透明性和安全性。通过去中心化的账本系统，区块链技术能够记录每一笔交易的详细信息，确保信息的不可篡改性，从而提高了供应链的透明度。这种技术的应用不仅增强了消费者对商品来源的信任，还帮助企业更好地管理供应链流程，降低了运营风险。此外，云计算技术为电商平台提供了灵活的资源配置和扩展能力。通过云计算，企业可以根据业务需求灵活调整计算资源，避免了传统服务器资源的浪费，提高了系统的可靠性和可用性。

物联网技术通过智能设备实现了实时数据采集与分析，为电商企业提供了更多的市场洞察。通过物联网设备，企业可以实时监控产品的库存、运输和使用情况，从而优化供应链管理，提高物流效率。同时，大数据分析技术帮助电商企业进行市场趋势预测和用户行为分析。通过对海量数据的分析，企业能够准确把握市场动态，及时调整营销策略，以应对激烈的市场竞争。大数据的应用不仅提高了企业的决策效率，还帮助企业发现潜在的商业机会，推动了电商行业的创新发展。

（三）经济活动的数字化重构

数字化平台的兴起促使商业模式发生了根本性的变化，这不仅能够使企业更高效地运行，还推动了线上线下的深度融合。数字化平台通过提供无缝连接的用户体验，使消费者能够在任何时间、任何地点进行购物和交易，极大地提升了市场的活力和竞争力。随着电子商务的普及，企业逐渐认识到，只有通过数字化手段才能更好地满足消费者的多样化需求，进而在激烈的市场竞争中占据有利位置。

消费者行为的数字化转变为企业提供了新的发展契机。通过数据分析，企业能够深入了解消费者的偏好和行为模式，从而实现精准营销。这种转变不仅提高了营销活动的效率，还提高了消费者的满意度和忠诚度。数据分析技术的应用使企业能够根据消费者的实时反馈调整产品和服务策略，确保其市场定位的准确性。这种以数据为驱动的营销策略不仅帮助企业降低了成本，还提高了投资回报率。

供应链管理的数字化是提升物流效率和透明度的重要手段。通过物联网和大数据技术的应用，企业能够实时监控物流环节的各个方面，从而降低了运营成本。数字化供应链管理使企业能够更快地适应市场变化，提高了供应链的灵活性和适应性。此外，数字化技术的应用还提高了供应链的透明度，使企业能够更好地管理风险，确保供应链的稳定性和可靠性。

企业内部流程的数字化重构是提高运营效率和优化资源配置的关键。通过采用云计算和自动化技术，企业能够简化烦琐的流程，提高员工的工作效率。这不仅节省了时间和人力成本，还使企业能够更专注于核心业务的发展。数字化重构还促使企业在资源配置上更加合理，确保各部门之间的协作更加顺畅，从而提升整体的运营效率。

数字支付技术的普及改变了传统的交易方式，极大地提升了消费者的购物体验。随着移动支付和电子钱包的广泛应用，消费者在购物时无须携带现金或银行卡，只需通过智能手机就能完成支付。这种便捷的支付方式不仅提高了交易的安全性，还缩短了结算时间，提高了消费的流畅性。数字支付技术的不断创新为消费者提供了更多的选择，也为企业带来了新的商机和增长点。

二、数字经济的时代特征

（一）网络化与全球化

网络化的进程显著促进了企业与消费者之间的实时互动，不仅提升了客户的满意度，还提高了客户的忠诚度。在数字经济中，消费者能够随时随地与企业进行沟通和反馈，这种便捷的交流方式使企业可以更快速地响应消费者的需求，从而提升服务质量和客户体验。此外，网络化还促使企业在产品开发和市场推广上更加灵活和高效，消费者的参与和反馈成为企业创新的重要驱动力。

全球化则为电商平台提供了丰富的市场拓展机会，使企业可以在国际市场上增加产品的市场覆盖率和销售机会。通过全球化，企业能够打破地域限制，将产品和服务推广到世界各地。电商平台的全球化发展不仅为企业带来了新的增长点，也为消费者提供了更多的选择和便利。跨境电商的兴起使消费者能够轻松购买到国际品牌和产品，同时也促进了文化和经济的交流与融合。

网络化的支付系统在全球化进程中发挥了重要作用，支持跨境交易并简化了不同国家之间的交易流程。现代支付技术的发展，使跨国支付变得更加便捷和安全，降低了国际贸易的成本和风险。这种支付系统的便利性和安全性，极大地促进了全球电商市场的繁荣发展，为企业和消费者提供了无缝连接的交易体验。

全球化带来了多样化的消费需求，促使电商企业进行产品和服务的本地化调整。不同国家和地区的消费者在文化、习惯和偏好上存在差异，电商企业需要针对这些差异进行市场策略调整。这种本地化的策略不仅包括语言和货币的调整，还涉及产品设计、营销方式和客户服务等方面的优化，以满足不同市场的独特需求。

（二）实时性与高效性

在数字经济时代，实时性与高效性成为电子商务发展的重要特征。实时数据分析技术的应用显著提升了电商企业对市场变化的快速反应能力。这种技术使企业可以在短时间内捕捉市场动态，及时调整营销策略，以应对瞬息万变的市场环境。通过实时分析消费者的购买行为和市场趋势，企业能够精准定位目标受众，优化广告投放，提高营销活动的有效性。

1. 高效的库存管理系统

通过实时监控库存水平，企业能够有效降低缺货和过剩库存的风险。这种管理系统不仅有助于降低库存成本，还能确保产品在消费者需要时及时供货，提升客户满意度。实时库存管理的实现依赖于先进的信息技术和数据分析能力，这些技术的结合使供应链管理更加智能和高效。

2. 实时的客户反馈机制

通过收集和分析客户反馈，企业可以快速识别市场需求的变化趋势，从而优化产品和服务。这种机制不仅提高了客户满意度，还为企业提供了更高的市场洞察力，使其能够在激烈的市场竞争中保持优势。实时的客户反馈能够使企业在产品开发和市场推广中更加贴近消费者的真实需求。

3. 智能推荐算法的应用

基于用户行为数据，智能推荐算法能够实时为消费者提供个性化的购物建议。这种算法通过分析用户的浏览历史、购买记录和偏好数据，精准预测用户的兴趣和需求，提高购物的便捷性和愉悦度。个性化推荐不仅增强了用户黏性，还有效提升了电商平台的销售转化率。

4. 自动化的订单处理系统

通过自动化流程，电商企业能够大幅减少人工干预，降低错误率，提高订单处理效率。自动化系统涵盖了从订单接收、处理到发货的各个环节，确保每个订单都能快速准确地履行。这种高效的订单处理能力不仅提升了企业的运营效率，还增强了客户的购物体验和满意度。

（三）创新驱动与动态演进

数字经济时代的一个显著特征是创新驱动与动态演进的不断深化。创新型商业模式的出现，如订阅制和共享经济，不仅丰富了电商行业的发展路径，还为传统商业模式注入了新的活力。这些模式通过提供更灵活的消费选择和更高效的资源利用，满足了消费者日益增长的个性化需求。此外，跨界合作与生态系统构建在数字经济中扮演着关键角色。运用这些合作模式，通过促进不同产业之间的资源整合与协同创新，不仅提升了整体效率，还创造了新的商业机会和增长点。

用户的参与和共创机制的引入，使消费者在产品设计和服务优化中扮演了更为积极的角色。在数字经济背景下，用户不再是被动的接受者，而是积极的参与者和共创者。这种转变不仅提升了用户体验，也为企业提供了宝贵的市场反馈和创新灵感。智能化技术的应用，如人工智能和机器学习，进一步推动了个性化服务的不断进化与深化。这些技术通过分析海量数据，能够精准捕捉用户偏好和消费行为，从而为用户提供定制化的产品和服务。

敏捷开发与迭代更新的工作模式是电商企业在快速变化的市场环境中保持竞争力的关键。通过快速响应市场变化，电商企业能够持续优化产品与服务，满足消费者不断变化的需求。这种模式不仅提高了企业的市场适应能力，也推动了新技术和新产品的市场化进程。

三、数字经济的价值创造

（一）个性化与定制化服务

数字经济时代，个性化与定制化服务成为电子商务创新的核心驱动力。个性化推荐系统通过分析用户的浏览和购买历史，提供量身定制的商品建议。这不仅提升了用户体验，还显著提高了转化率。通过大数据技术，电商平台能够准确捕捉消费者的兴趣和偏好，从而在合适的时间为消费者推荐合适的商品。这一过程不仅增加了用户的购物乐趣，也有效提高了商家的销售额。个性化推荐系统的成功应用，展现了数字经济时代信息技术在商业领域的巨大潜力。

定制化服务在电商领域的应用同样具有重要意义。消费者可以根据个人喜好和需求，选择产品的颜色、尺寸或功能，这种高度的参与感和满意度是传统购物方式难以企及的。定制化服务不仅满足了消费者多样化的需求，也为企业创造了新的市场机会。通过提供独特的产品配置，企业能够吸引更多的消费者，提高品牌忠诚度。定制化服务的兴起，标志着消费模式从传统的“以产品为中心”向“以消费者为中心”的转变。

基于用户行为数据的动态定价策略，使电商平台能够实时调整商品价格，以满足不同消费者的支付意愿。这一策略不仅优化了销售效果，也提高了资源配置效率。在动态定价的背景下，电商企业能够灵活地应对市场变化，提升竞争力。通过分析用户的购买行为和市场供需关系，企业可以制定更具吸引力的价格策略，从而在激烈的市场竞争中占据优势地位。

社交媒体的兴起为电商企业提供了与用户互动的新渠道。通过社交媒体，企业可以收集用户的反馈和建议，进而调整产品和服务，满足消费者的个性化需求。这种互动不仅增强了用户的参与感，也提高了企业对市场需求的响应速度。在数字经济时代，社交媒体已成为企业与消费者之间的重要桥梁，推动了个性化服务的发展。

虚拟现实和增强现实技术的应用，为电商平台提供了沉浸式的购物体验。消费者可以在购买前通过虚拟环境更好地了解产品，从而提升购买决策的准确性。虚拟现实和增强现实技术不仅提高了用户的购物体验，也为企业提供了展示产品的新方式。在数字经济的背景下，虚拟现实和增强现实技术的应用，标志着电子商务进入了一个全新的发展阶段。

（二）资源优化配置

通过数据分析优化库存管理，电商企业能够实现精准的库存配置。这种方法不仅降低了库存成本，还有效减少了缺货风险，确保供应链的稳定性。数据分析为库存管理提供了科学依据，使企业能够根据市场变化及时调整库存水平，从而在激烈的市场竞争中占据优势地位。

智能算法的应用为电商企业的资源配置带来了革命性变化。通过对市场需求的精准预测，企业能够在不同季节和促销活动中合理安排资源。这种预测不仅帮助企业优化了生产和采购计划，还提高了资源利用率，减少了浪费。智能算法的应用使电商企业的运营决策更加科学和高效，从而在市场竞争中获得更大的经济效益。

动态定价策略在数字经济中扮演着至关重要的角色。电商企业通过实时市场反馈和竞争情况灵活调整价格，提升了销售效率。这种策略不仅增加了企业的利润空间，还提高了消费者的购买满意度。动态定价策略的实施需要依托先进的数据分析技术和市场监测系统，以确保价格调整的及时性和合理性。

跨部门协作是资源优化配置的关键环节。通过云计算平台，企业能够实现高效的资源共享和信息流通。跨部门协作不仅提升了运营流程的效率，还增强了企业内部的协同能力。云计算平台的应用使企业能够在资源配置上更加灵活和高效，从而在激烈的市场竞争中占据有利地位。

物联网技术的应用为物流管理带来了新的机遇。通过实时监控物流状态，企业能够实现高效的跟踪和调度，提升供应链的响应速度和效率。这种技术的应用使物流管理更加透明和高效，为企业的资源优化配置提供了有力支持。物联网技术的广泛应用将进一步提升电商企业的资源优化配置能力。

（三）边际成本趋近于零

边际成本趋近于零是数字经济时代的一个重要特征，这一现象在电子商务领域尤为显著。数字化平台的运营模式使边际成本不断降低，企业可以在不增加额外成本的情况下，服务更多的客户。这种模式的优势在于，电商企业能够通过数字化手段实现规模经济，在竞争中占据有利地位。数字化平台的核心在于其低成本的复制和扩展能力，这使企业能够迅速响应市场需求变化，并提供更为个性化的服务。

利用云计算资源，电商企业能够实现按需扩展，避免了传统模式下的固定成本，进一步降低边际成本。云计算的灵活性和高效性，使企业无须为闲置的硬件资源支付高昂的费用，从而显著降低了运营成本。这种按需付费的模式，不仅提高了资源利用率，还为中小型企业提供了进入市场的机会，促进了电商领域的多样化发展。

通过自动化和智能化的供应链管理，电商企业能够减少人工干预，从而降低运营成本，促进边际成本趋近于零。智能化的供应链管理系统能够实时监控和优化物流过程，减少库存积压和物流延误。这不仅提高了供应链的效率，还增强了企业的市场响应能力，使电商企业能够以更低的成本提供更高质量的服务，提升客户满意度。

数字内容的复制和分发几乎不需要额外成本，这使数字产品的边际成本接近于零，推动了电商平台的产品多样化。数字产品如电子书、音乐、软件等的分发，只需通过网络进行传输，基本不涉及物理产品的生产和运输成本。这种低成本的特性，极大地降低了市场进入门槛，鼓励了创新和创意产品的涌现，为消费者提供了更多选择。

社交媒体和用户生成内容的兴起，降低了市场推广和品牌宣传的成本，能够使电商企业以更低的边际成本吸引新客户。用户生成内容不仅提升了企业的品牌形象，还通过口碑传播和社交网络效应，扩大了品牌的影响力。电商企业通过与用户互动和合作，能够有效利用这些低成本的推广渠道，提升市场竞争力和消费者的品牌忠诚度。

第二节　电子商务的基本概念

一、电子商务的定义

（一）线上交易的核心内涵

电子商务作为数字经济时代的重要组成部分，其核心内涵在于通过互联网实现商品和服务的线上交易。线上交易的兴起打破了传统商业模式的时空限制，使交易双方能够在全球范围内进行即时的商业互动。这种无纸化交易不仅减少了传统交易中的烦琐步骤，还大幅提升了交易的高效性和便捷性。电子商务的基本特征之一便是其全球可达性，消费者和企业能够在全球市场中寻找和获取所需的商品和服务，这也为国际贸易的增长提供了新动力。

电子商务的交易形式多样化是其另一个核心内涵。不同的市场主体可以通过电子商务平台进行企业对企业（B2B）、企业对消费者（B2C）、消费者对消费者（C2C）等形式的交易。这种灵活性使电子商务能够满足不同市场主体的需求，促进了各类商业活动的繁荣。另外，电子商务平台通过数字化手段实现了商品展示、支付和物流管理的全流程数字化，这不仅提升了用户体验，还大幅度提高了交易效率。在这一过程中，消费者能够享受到更为便捷的购物体验，而商家则能够通过高效的物流管理降低运营成本。

（二）电子化商业流程

电子化商业流程通过一系列的技术手段和信息系统，将传统的商业活动转化为数字化的操作过程。这种转化不仅提高了商业活动的效率，还减少了人工干预，从而大大提升了交易的准确性和效率。在电子商务环境中，自动化程度的提高使企业能够快速响应市场变化，优化资源配置，降低运营成本。电子化商业流程的实施，不仅是技术的应用，更是商业模式的革新，推动了整个行业的进步与发展。

电子商务平台通过标准化流程实现了供应链各环节的无缝对接，这是电子化商业流程的另一大优势。标准化流程使信息在各个环节之间流动更加顺畅，减少了信息不对称和误传的风险。通过这样的流程优化，企业可以更好地协调生产、库存和物流等环节，提升整体运营效率。这种无缝对接不仅提高了企业的竞争力，也为消费者提供了更为快捷和可靠的服务体验。在数字经济的背景下，标准化流程的实施成为企业在激烈市场竞争中立于不败之地的重要保障。

数据驱动的决策支持系统在电子化商业流程中发挥着关键作用。这些系统通过对海量数据的分析和处理，帮助企业实时调整策略，以应对快速变化的市场环境。决策支持系统不仅可以提高企业决策的科学性和准确性，还能帮助企业预测市场趋势，发现潜在的商业机会。数据的力量在电子化商业流程中得到了充分的体现，它不仅是企业制定战略决策的重要依据，也是推动企业创新和发展的动力源泉。在这个过程中，企业的竞争优势得以显著提升。

在电子化商业流程中，用户界面的友好性和易用性直接影响消费者的购买决策和体验。一个设计良好的用户界面可以显著提升用户的使用体验，增加用户的购买意愿。一个复杂和不友好的界面可能导致用户流失，影响企业的销售业绩。因此，企业在设计电子商务平台时，需要充分考虑用户的需求和使用习惯，以提升用户的满意度和忠诚度。用户界面的设计，不仅是技术问题，更是关乎用户体验和企业品牌形象的重要因素。

（三）跨时空交易特征

电子商务的跨时空交易特征是其在数字经济时代中脱颖而出的关键优势之

一。电子商务通过互联网技术的应用，打破了传统商业模式中的地理限制，实现了全球范围内的商品和服务交易。消费者不再局限于本地市场，而是可以随时随地通过网络平台进行购物。这种便利性不仅提升了消费者的购物体验，也为商家拓展市场提供了新的可能性。电子商务平台的全球化特性，使商品和服务的交易不再受时间和空间的限制，极大地促进了国际市场的融合与发展。

跨时空交易特征的另一个关键优势在于其促进了国际市场的融合。通过电子商务平台，来自不同国家和地区的消费者能够在同一平台上进行交易。这种无国界的交易方式不仅扩大了消费者的选择范围，也推动了商品和服务的多样化发展。电子商务平台的这种全球化特性，为商家提供了进入国际市场的便捷通道，促进了跨国贸易的发展，进而推动了全球经济一体化的进程。

电子商务的实时交易机制是跨时空交易特征的重要组成部分，这一机制使消费者能够快速完成交易。在传统商业模式中，交易周期往往较长，而电子商务通过实时交易大大缩短了这一周期，提升了市场效率。消费者可以在短时间内完成从选择商品到支付的全过程，这种高效的交易方式不仅满足了现代消费者对快捷服务的需求，也使商家提升了交易效率，增强了市场竞争力。

电子商务平台的灵活性使商家能够在不同时间段发布促销活动，吸引不同时间下单的消费者。这种灵活的促销策略不仅增加了商家的销售机会，也提高了消费者的购物积极性。通过分析消费者的消费习惯和市场需求，商家可以精准地制定促销策略，最大化地利用电子商务平台的优势，提升销售业绩。

跨时空交易的特征还能够使商家根据不同市场的需求和消费习惯，灵活调整产品和服务策略。这种灵活性使商家能够更好地适应市场变化，增强市场竞争力。通过电子商务平台，商家可以实时获取市场反馈，及时调整经营策略，以满足不同市场的需求。这种动态调整的能力，使商家在激烈的市场竞争中保持竞争优势。

二、电子商务的主要类型

（一）B2B 模式

B2B 模式作为电子商务的一种重要形式，主要聚焦于企业之间的交易活动。B2B 模式通常涉及大宗商品或服务的批发和采购，其特点是交易量大且交易频率高。由于涉及的金额和物品数量较大，B2B 交易往往需要企业之间建立稳固的信任关系。此外，B2B模式的交易不仅包括商品的交换，还包括服务的采购，如物流、金融等服务，这些都需要高度的专业性和可靠的合作伙伴。

在B2B模式中，电子商务平台扮演着中介的角色，提供信息交流、交易撮合和支付结算等服务。这种中介作用不仅简化了交易流程，还有效降低了交易成本和时间。通过平台的撮合，企业能够快速找到合适的供应商或客户，大大提高了市场效率。同时，平台所提供的支付结算服务也保障了交易的安全性和便利性，减少了企业在交易过程中的风险。

客户关系管理（Customer Relationship Management，CRM）系统在B2B模式中发挥着重要作用。通过对客户数据的分析，CRM系统能够提升客户满意度，帮助企业更好地维护与客户的长期合作关系。这种数据驱动的管理方式能够使企业更精准地了解客户需求，提供个性化的服务和解决方案，从而增强客户黏性。此外，CRM系统还能帮助企业识别潜在客户，扩大市场份额。

B2B电子商务通常需要复杂的合同和定价机制。为了满足不同企业的需求，电子商务平台提供了灵活的定制解决方案。在合同管理方面，平台可以帮助企业制定符合其业务特点的合同条款，确保交易的合法性和合规性。在定价机制上，平台提供的灵活定价选项使企业能够根据市场变化和客户需求调整价格策略，从而在激烈的市场竞争中保持优势。

供应链管理的数字化转型是B2B模式的一大亮点。通过数字化手段，企业能够实时跟踪订单和库存状况，提升了整体运营效率和响应能力。数字化供应链管理不仅提高了信息的透明度，还增强了企业对市场变化的快速响应能力，使其能够更好地满足客户需求。此外，数字化转型还帮助企业优化资源配置，降低运营成本，提升竞争力。

（二）B2C模式

B2C模式是电子商务领域中最常见的一种形式。在这种模式下，企业直接面向终端消费者进行产品和服务的销售，简化了传统销售中的中间环节。这种直接的交易方式不仅提高了交易效率，而且显著提升了用户体验。消费者可以通过企业的在线平台直接购买商品，享受便捷的购物流程和快速的物流服务。这种模式的兴起，得益于互联网技术的发展和消费者购物习惯的改变，使企业能够以更低的成本和更高的效率拓展市场。

在B2C模式中，企业通过在线平台直接向消费者销售产品，减少了传统零售中的中间商环节。B2C模式不仅降低了产品的流通成本，还缩短了产品到达消费者手中的时间。消费者可以在家中通过互联网轻松浏览和购买商品，享受更为便捷的购物体验。企业能够通过实时的数据反馈，快速调整销售策略和产品供应，从而更好地满足消费者的需求。这种高效的交易方式，使B2C模式在电子商务中占据了重要地位。

为了在竞争激烈的市场中脱颖而出，B2C企业通常采用多渠道营销策略。社交媒体平台成为企业推广产品和品牌形象的重要渠道，通过精准的广告投放和互动活动吸引消费者的关注。搜索引擎优化（Search Engine Qptimization，SEO）帮助企业提高在搜索引擎中的排名，提高网站的曝光率。此外，电子邮件营销也是B2C企业常用的手段，通过定期发送促销信息和新品推荐，保持与消费者的联系。这些多渠道的营销策略，帮助企业提高市场覆盖率，吸引更多潜在客户。

用户评价和反馈是B2C模式中不可或缺的组成部分。消费者在购买产品后，可以通过在线平台留下评价和反馈，这些信息对于其他潜在消费者具有重要的参考价值。企业通过分析用户的评价和反馈，可以及时发现产品和服务中存在的问题，并进行改进。这种积极的反馈机制，不仅帮助企业提升了产品质量和服务水平，还提高了客户的忠诚度。满意的消费者往往会成为企业的忠实客户，并通过口碑传播吸引更多新客户。

数据分析是B2C模式中的核心技术之一。电商平台通过收集和分析消费者的购买行为和偏好，能够为消费者提供个性化的产品推荐。这种精准营销策略，不仅提高了消费者的购物体验，还提高了销售的转化率。通过大数据分析，企业可以更好地了解消费者的需求和市场趋势，从而制定更有效的营销策略。这种以数据为驱动的营销方式，使B2C企业能够在激烈的市场竞争中占据优势地位。

B2C模式不仅是一种销售模式，更是一种沟通桥梁。在这种模式下，企业通过社交媒体和在线社区与消费者建立了直接的联系。消费者可以通过这些平台与企业进行互动，发表意见和建议，参与品牌活动。这种互动不仅增强了消费者的参与感，也提升了品牌的忠诚度。企业通过与消费者的积极互动，能够更好地了解市场需求，优化产品和服务。这种双向的沟通方式，使B2C模式在现代电子商务中具有重要的战略意义。

（三）C2C模式

C2C模式，核心在于强调个人消费者之间的直接交易，这种直接性不仅促进了闲置物品的再利用，还有效提升了资源的配置效率。在 C2C 平台上，个人卖家可以通过发布商品信息与潜在买家直接沟通，省去了中间商的环节，降低了交易成本。这种方式为消费者提供了更多的选择和更大的灵活性，也鼓励了绿色消费和可持续发展。

C2C 平台通常注重用户体验，提供友好的界面和丰富的社交功能，这些功能不仅增强了消费者之间的互动和信任，也提升了交易的安全性。在这些平台上，用户可以通过即时消息、评论和评分系统进行交流，这种互动性不仅有助于形成良好的用户社区氛围，还能为平台积累宝贵的用户数据，帮助平台优化服务和提升用户满意度。此外，社交功能的引入也进一步扩大了用户群体。

在 C2C 模式中，评价和反馈机制是平台运作的关键。消费者的评价和反馈不仅直接影响其他用户的购买决策，也对平台的整体信誉有着重要影响。一个良好的评价系统可以有效减少信息不对称，增加交易的透明度和安全性，从而吸引更多用户加入平台。平台通常会鼓励买卖双方在交易完成后进行评价，这种机制不仅有助于维护平台的公信力，还能通过用户的反馈不断改进平台服务。

随着移动互联网的发展，C2C 模式通过移动应用和社交媒体的整合，进一步扩大了用户的交易范围，增强了交易便利性。移动设备的普及使用户可以随时随地进行交易，这种便利性不仅提高了用户的参与度，也为平台带来了更多的流量和商业机会。此外，社交媒体的整合使 C2C 平台能够通过社交网络进行更广泛的宣传和推广，进一步提升了平台的影响力。

C2C 模式的灵活性为消费者提供了自主定价的机会，满足了个性化需求。消费者可以根据市场情况和个人需求自由设定商品价格，这种灵活性不仅吸引了大量消费者，也为小型创业者提供了低成本的市场进入机会。对于很多小型卖家而言，C2C 平台提供了一个展示和销售产品的理想场所，无须承担高昂的租金和人工成本。这种低门槛的进入方式激发了大量创新和创业活动，为数字经济的发展注入了新的活力。

三、电子商务的核心功能

（一）商品展示与推广

商品展示与推广是电子商务的核心功能之一，其重要性不言而喻。在数字经济时代，商品展示的多样化形式极大地丰富了消费者的购物体验。通过图像、视频和360度视图，消费者能够全面地了解商品的细节和特点。这种多样化的展示方式不仅增强了消费者的购买信心，还提升了他们的购物乐趣。此外，电商平台通过这些创新的展示技术，能够有效地吸引消费者的注意力，从而提高商品的销售转化率。

社交媒体的整合使电商平台能够实现商品的实时推广，进一步扩大品牌的影响力。通过与社交媒体的无缝对接，电商平台可以在第一时间将商品信息推送给目标消费者，形成有效的传播链。这种推广方式不仅能够快速覆盖广泛的用户群体，还能够通过社交媒体的互动性增加用户参与感和忠诚度。品牌可以利用社交媒体的特性，开展各种创意营销活动，增强品牌与消费者之间的情感联系。

个性化推荐系统是基于用户行为分析而设计的，能够提供定制化的商品展示，极大地提升转化率。通过对用户浏览、搜索和购买行为的深入分析，推荐系统能够精准地预测用户的需求，并推荐相关商品。这种个性化的推荐不仅提高了消费者的购物效率，还提高了他们的购物满意度。电商平台通过分析用户数据，不断优化推荐算法，从而获得更高的精准度和更好的用户体验。

增强现实技术的应用能够让消费者在购买前虚拟试用商品，这显著增强了购买信心。通过增强现实技术，消费者可以在虚拟环境中“试用”商品，感受其外观和功能。这种技术特别适用于服装、家具等需要直观感受的商品类别。消费者可以通过增强现实技术，更好地判断商品是否符合自己的需求和期望，从而降低购买后的退货率，提升购物体验。

（二）在线交易与支付

在线交易平台的安全性设计至关重要，平台通过多重身份验证和加密技术来确保用户交易信息和资金的安全。这些技术措施不仅可以防止未经授权的访问，还可以保护用户的敏感信息免受网络攻击。在数字经济时代，交易安全性是用户信任在线平台的基础，因此，平台必须不断更新安全协议，以应对日益复杂的网络威胁。

多种支付方式的整合是电子商务平台提升用户体验的关键策略。通过支持信用卡、电子钱包和移动支付等支付方式，平台可以大大提升用户的交易便利性和选择性。这种多样化的支付选项不仅满足了不同用户的支付习惯，还能吸引更多潜在客户。特别是在全球化的市场环境中，支付方式的多样化有助于平台拓展国际市场，满足不同地区用户的需求。

实时交易处理系统是提升电子商务效率的技术核心。该系统能够快速确认订单和支付，极大地减少用户的等待时间，从而提高用户的购物体验。通过优化交易处理流程，平台可以在高峰期保持稳定的服务质量，避免因延迟而导致的用户流失。此外，实时处理系统还可以集成库存管理，确保商品供应的及时性和准确性。

在在线交易过程中，智能合约的应用日益广泛。智能合约能够自动执行预设的交易条件，减少了人工干预的必要性，从而降低交易纠纷的风险。其自动化的特性不仅提高了交易效率，还增强了交易双方的信任。智能合约的透明性和不可篡改性为电子商务平台提供了新的信任机制，特别是在跨境交易中，具有重要的应用价值。

交易数据的实时分析与反馈机制为商家提供了宝贵的消费者行为洞察。通过对交易数据的深入分析，商家可以优化支付流程，提高转化率。这种数据驱动的策略不仅可以帮助商家更好地理解消费者需求，还可以通过个性化的推荐和促销活动，提高用户的购买意愿。在竞争激烈的电子商务市场中，数据分析能力成为商家制胜的关键因素。

（三）售后服务与反馈

电子商务的发展不仅改变了商业交易的方式，还对售后服务提出了新的要求。在数字经济时代，售后服务与反馈成为电商平台的重要组成部分。高效的售后服务可以增强消费者的购物体验，提升品牌的市场竞争力。售后服务的及时性与响应机制是关键。消费者在购买后遇到问题时，能否快速获得帮助和解决方案是衡量售后服务质量的重要标准。电商企业需要建立一套完善的响应机制，确保在最短时间内解决消费者的问题，从而提高消费者满意度。

1. 基于用户反馈的产品改进机制

通过分析售后服务中的消费者意见，企业可以识别产品和服务中的不足，进而不断优化产品质量和服务体验。这种基于数据的改进机制不仅有助于提升产品的市场适应性，还能增强消费者对品牌的信任感。企业应重视消费者反馈数据的收集与分析，充分利用这些信息指导产品开发和服务改进。

2. 多渠道的售后服务平台

在数字经济时代，消费者期望可以通过多种方式与企业沟通，包括在线聊天、电话支持和社交媒体等。因此，电商企业需要构建多渠道的服务平台，以便消费者可以根据自身需求选择最方便的沟通方式。这不仅提升了消费者的满意度，也增强了企业与消费者之间的互动和联系。

3. 售后服务中的数据分析应用

通过对消费者反馈数据的趋势分析，企业可以识别出常见问题和改进方向。这种数据驱动的决策方式可以帮助企业在激烈的市场竞争中占据优势地位。电商企业应投资于数据分析工具和技术，提升售后服务的数据处理能力，以便更好地服务消费者。

4. 制订消费者忠诚度计划

优质的售后服务不仅可以解决消费者的问题，还能提高消费者对品牌的忠诚度。通过提供卓越的售后服务，企业可以促进重复购买和品牌忠诚度的提升。消费者忠诚度计划包括会员折扣、积分奖励等方式，旨在通过优质服务建立长期的客户关系，进而实现企业的可持续发展。

第三节　数字经济对电商的结构性影响

一、商业模式创新

（一）平台化与生态化发展

平台化商业模式通过整合多方资源，实现供需双方的高效对接，提升交易效率。这种模式不仅优化了资源配置，还通过大数据分析和精准营销，提升了消费者的购物体验。平台化的发展使企业能够更好地利用用户生成内容，增强用户参与感，进而提升品牌忠诚度。在这一过程中，用户不仅是消费者，也成为内容创造者和传播者，进一步促进了电商平台的活跃度和用户黏性。

生态化发展强调跨行业合作，形成多元化的商业生态系统，促进资源共享与协同创新。在生态化发展模式下，企业通过与不同行业的合作伙伴建立紧密的合作关系，实现资源的优化配置和创新能力的提升。这样的合作不仅有助于企业在竞争中形成差异化优势，还有助于通过合作伙伴关系拓展市场影响力。

生态化发展使企业能够在一个更广阔的商业生态系统中运作，从而提高其市场竞争力和创新能力。

平台化与生态化相结合，推动了新兴技术的应用，如人工智能和区块链，提升了电商运营的智能化水平。平台化的技术基础使企业能够更好地利用人工智能进行数据分析和用户行为预测，从而实现个性化推荐和精准营销。而生态化发展为区块链技术的应用提供了良好的合作基础，确保交易的安全性和透明性。通过这些新兴技术的应用，电商企业不仅提高了运营效率，还增强了用户体验和信任度，进一步推动了电商行业的创新和发展。

（二）订阅制与会员经济

订阅制与会员经济在数字经济时代的电商创新中扮演了重要角色。订阅制模式通过定期收费为消费者提供特定商品或服务，不仅简化了消费者的购买决策过程，还增强了客户的忠诚度和持续消费意愿。消费者在订阅过程中，逐渐形成对品牌的依赖和信任，有助于商家稳定收入来源并降低客户流失率。此外，订阅制的便捷性和个性化服务，使消费者能够享受到定制化的消费体验，进一步提升了品牌的市场竞争力。

会员经济通过为会员提供独特的权益和优惠，显著提升了消费者的购买体验和品牌认同感。会员制度不仅为消费者提供了额外的价值，还通过专属折扣、优先购买权等方式，激发了消费者的参与感和忠诚感。随着数字经济的发展，会员经济的形式也在不断演变，商家通过丰富的会员权益设计，吸引消费者长期参与。这种模式不仅增加了消费者的黏性，还为商家创造了更多的交叉销售和追加销售机会。

订阅制与会员经济的结合能够绘制精准的用户画像，帮助商家更好地理解消费者需求并优化产品策略。在数字化工具的支持下，商家可以通过分析用户的订阅和消费数据，绘制出详细的用户画像。这种数据驱动的分析能力，使商家能够识别出消费者的偏好和行为模式，从而在产品开发和市场推广中做出更为精准的决策。通过这种方式，商家不仅能够提高产品的市场适应力，还能够有效地提升用户满意度和忠诚度。

通过数据分析，商家能够实时监测订阅用户的消费行为，调整营销策略以提高用户留存率。在数字经济时代，数据成为商家决策的重要依据。通过对用户数据的深入分析，商家可以及时发现用户需求的变化，并迅速调整产品和服务策略。这种灵活的调整机制，确保了商家能够在激烈的市场竞争中保持优势地位。同时，通过对用户行为的监测，商家还能识别出潜在的流失风险用户，从而采取针对性的挽留措施，确保用户的长期留存。

订阅制和会员经济的成功实施依赖于高效的客户服务体系，确保用户在使用过程中获得及时的支持和反馈。高效的客户服务不仅是提升用户体验的重要环节，也是商家获取用户信任和忠诚的关键。在数字经济时代，商家需要通过多渠道的客户服务平台，及时响应用户的需求和反馈。这种快速响应的能力，不仅提升了用户的满意度，还为商家建立了良好的品牌口碑，推动了订阅制和会员经济模式的可持续发展。

（三）社交电商与内容电商

在数字经济时代，社交电商与内容电商成为商业模式创新的重要组成部分。社交电商通过社交媒体平台的广泛应用，促进了用户之间的互动与分享。这种互动不仅增强了消费者的参与感，还有效提升了他们的购买意愿。在这种模式下，消费者不再是被动的接受者，而是积极的参与者，他们通过分享使用体验和产品评价，形成了一个由用户生成内容（User Genrated Content，UGC）驱动的生态系统。这个生态系统能够使消费者通过评价和推荐，显著影响其他用户的购买决策，进而形成口碑效应。

内容电商通过优质内容与商品推广的深度结合，正在改变传统的营销方式。通过故事化的营销手法，品牌能够更好地传达其核心价值和理念，从而提升品牌形象和用户黏性。内容电商不仅是简单的产品展示，它更注重于通过教育性和娱乐性的内容来吸引目标受众。这种策略不仅提升了用户的购物体验，还提高了品牌忠诚度，使消费者在购买过程中获得更大的附加价值。通过内容的力量，品牌能够在消费者心中建立更深层次的情感连接。

社交电商与内容电商的结合为品牌提供了一个多触点的营销平台。在这个平台上，品牌能够通过多种方式与消费者建立联系，形成全方位的营销策略。这种策略不仅限于单一的社交媒体或内容平台，而是通过整合多种渠道，形成无缝连接的购物体验。通过这种全方位的接触，品牌能够更好地了解消费者的需求和偏好，从而提供更加个性化的产品和服务。这种以用户为中心的策略，不仅提升了用户满意度，也为品牌创造了更多的商业机会和增长空间。

二、产业融合加速

（一）线上线下全渠道整合

通过打通线上线下的销售渠道，商家能够为消费者提供无缝连接的购物体验。这种整合不仅提升了用户满意度，还增强了消费者的购买意愿。全渠道整合的关键在于消除线上与线下之间的障碍，使消费者能够在任意渠道中获得一致的服务质量。消费者可以在线上浏览商品信息，并到线下实体店体验实物，这种模式有效地结合了线上便捷性与线下体验感的优势，极大地提升了购物的整体体验。

全渠道整合的另一个重要优势是库存管理的优化。通过实时监控和调配库存，商家能够有效降低运营成本。传统的库存管理往往面临信息不对称的问题，而全渠道的整合可以使商家利用大数据技术，实时掌握库存动态。这种透明化的库存管理不仅提高了运营效率，还减少了因库存积压或缺货而导致的销售损失。商家通过优化库存管理，不仅能更好地满足消费者需求，还能在激烈的市场竞争中占据优势地位。

全渠道整合使品牌能够在不同渠道中保持一致的市场形象，这对于增强品牌认知与消费者信任至关重要。消费者在不同渠道中接触到的信息一致，能够有效地传递品牌价值和理念。无论是在电商平台还是在实体店，品牌都需要保持统一的视觉和服务标准，以塑造稳定的品牌形象。这种一致性不仅有助于提高消费者的品牌忠诚度，还能通过口碑传播进一步扩大品牌影响力。

通过全渠道整合，商家还可以利用数据分析获取全渠道的消费者行为数据，从而优化营销策略和提升销售转化率。大数据技术的应用使商家能够深入了解消费者的购买习惯和偏好，制定更加精准的营销策略。个性化的营销活动能够显著提高消费者的参与度和购买意愿，从而实现销售额的增长。商家通过数据驱动的决策，能够在市场中更加灵活地调整策略，以应对不断变化的消费趋势。

线上线下全渠道整合推动了消费者个性化需求的满足，使商家能够提供定制化的产品和服务。在数字经济时代，消费者的需求日益多样化和个性化。全渠道整合能够使商家更好地捕捉消费者的个性化需求，并提供相应的解决方案。通过精准的市场定位和个性化的产品设计，商家不仅能提高客户满意度，还能建立与消费者之间的深层次联系。这种个性化服务的提升，不仅是电商创新的体现，也是未来发展的重要方向。

（二）电商与制造业的协同

电商与制造业的协同在数字经济时代为产业融合提供了新的动能。电商平台与制造业的深度合作促进了产品设计的灵活性，使制造商能够根据市场需求快速调整产品规格和特点。这种灵活性不仅提高了制造商的市场响应能力，还增强了其竞争优势。在全球市场变化迅速的背景下，制造商可以通过电商平台的数据分析，精准把握消费者的动态需求，从而进行更有针对性的产品设计和开发。

通过大数据分析，电商企业能够为制造业提供实时的市场反馈，帮助其优化生产流程和降低库存成本。电商平台积累了海量的用户数据，对这些数据进行分析，可以了解市场趋势和消费者偏好。制造商可以利用这些信息进行生产决策，减少不必要的生产和库存积压，从而实现资源的高效配置。这种基于数据驱动的生产模式，不仅提升了制造业的效率，也使其能够更好地适应市场变化。

电商与制造业的协同能够实现供应链的透明化，增强了消费者对产品质量和来源的信任。通过电子商务平台，消费者可以追踪产品的生产和运输过程，提升了信任感。此外，电商平台的评价系统也为消费者提供了更多的产品信息，使他们在作出购买决策时更加理性。制造商在这种环境下，需要更加注重产品质量和服务，以维持良好的市场声誉。

借助互联网技术，电商平台能够直接连接消费者与制造商，缩短了交易链条，提高了交易效率。在传统的商业模式中，产品从制造商到消费者需要经过多个中间环节，而电商平台的出现大大减少了这些中间环节，降低了交易成本。这不仅能够使消费者以更低的价格购买产品，也能够使制造商获得更高的利润率。这种直接连接方式也促进了信息的双向流动，使制造商能够更快地响应消费者的反馈。

电商与制造业的协同推动了定制化生产模式的发展，使消费者能够根据个人需求进行个性化定制，提升了用户体验。传统的批量生产模式难以满足消费者日益增长的个性化需求，而电商平台提供的定制化服务弥补了这一不足。消费者可以通过电商平台直接参与产品的设计和定制，获得独特的产品体验。这种模式不仅增强了消费者的参与感，也为制造商开辟了新的市场空间。

（三）跨境电商业态创新

随着全球化进程的加快，跨境电商不仅是国际贸易的重要组成部分，还是推动全球经济一体化的关键力量。通过技术的进步和商业模式的创新，跨境电商正在不断突破传统贸易的限制，为企业和消费者带来更多的机遇和挑战。在这种背景下，跨境电商的创新不仅体现在交易方式的变革上，还包括支付、物流、营销等方面的协同发展。

在跨境电商中，支付方式的多样化是提升交易便利性的重要因素。不同国家和地区的消费者具有不同的支付习惯，因此，跨境电商平台需要提供多元化的支付解决方案，以满足全球消费者的需求。这不仅包括信用卡、贝宝（PayPal）等常见的国际支付方式，还需要涵盖本地化支付手段，如微信支付、支付宝等。这种支付方式的多样化能够有效降低交易障碍，提高消费者的购买体验，从而促进跨境电商交易的增长。

区块链技术的引入为跨境电商提供了新的发展动力。通过区块链，跨境交易的透明性和安全性得到了显著提升。区块链的去中心化和不可篡改特性，使交易记录可以被所有参与者验证，减少了欺诈和信息不对称的风险。这不仅提高了交易的可信度，也增强了消费者对国际交易的信任感，进而推动跨境电商的进一步发展。

大数据技术的应用为跨境电商提供了强大的数据支持。通过对海量数据的分析，跨境电商能够深入了解不同地区消费者的购买行为和偏好。这种精准的数据分析能力，使跨境电商可以为消费者提供个性化的产品推荐和营销策略，从而提高用户的购买意愿和满意度。这种以消费者为中心的营销方式，不仅提升了跨境电商的竞争力，也为企业带来了新的增长点。

物流是跨境电商的关键环节之一。为了提高国际物流的效率，跨境电商不断优化其物流网络。通过智能化的仓储和配送系统，跨境电商可以实现高效的库存管理和快速的订单处理。这不仅缩短了运输时间，也显著降低了物流成本。此外，智能化的物流系统还可以根据实时数据调整配送路线和方式，提高物流的灵活性和响应速度，为消费者提供更优质的服务。

社交媒体的兴起为跨境电商带来了新的营销渠道。通过社交媒体，跨境电商可以利用用户生成内容和社交互动，提升品牌知名度和消费者的购买意愿。用户在社交媒体上的分享和评论，不仅能够提高品牌的曝光度，还可以通过口碑效应影响其他消费者的购买决策。此外，社交媒体平台的精准广告投放功能，也为跨境电商提供了精准的营销工具，帮助其在全球市场中占据更大的份额。

三、运营效率提升

（一）自动化与智能化管理

自动化管理系统通过集成先进技术，显著提高了电商企业的运营效率。这些系统减少了对人工干预的依赖，降低了错误率和运营成本。例如，自动化技术在订单处理中的应用，可以快速确认和处理客户订单，显著提升订单履行的速度和准确性，进而增强用户体验。此外，自动化管理系统还在库存管理、供应链优化等方面发挥了重要作用，通过减少人为失误和提高响应速度，为电商企业创造了更多的价值。

智能化管理工具通过数据分析和机器学习技术，实时监控市场动态，帮助电商企业优化库存与供应链管理。这些工具能够分析海量的市场数据，识别消费趋势和需求变化，进而调整库存策略，以减少库存积压和缺货现象。同时，智能化管理还体现在物流配送的优化上，通过对运输数据的分析，智能化系统可以选择最优配送路径，降低运输成本，提高配送效率。这种基于数据驱动的管理方式，不仅提高了运营效率，也增强了电商企业在市场中的竞争力。

自动化的订单处理系统是提升电商企业运营效率的另一个关键因素。该系统能够快速确认和处理客户订单，不仅提高了订单履行的速度和准确性，还增强了用户体验。通过减少订单处理时间，电商企业能够更快地满足消费者的需求，提升客户满意度。此外，自动化系统还可以集成到客户关系管理中，帮助企业更好地理解和服务客户，进而提升整体运营效率和市场竞争力。

通过自然语言处理技术，智能客服系统实现了 7×24 小时的客户服务。这种系统能够快速响应消费者的咨询和问题，提高客户满意度。智能客服不仅可以处理简单的客户服务请求，还能够在复杂问题中提供初步的解决方案，减少了人工客服的压力，并提高了服务效率。通过不断学习和优化，智能客服系统能够越来越准确地理解和响应客户需求，为电商企业提升客户忠诚度和满意度提供了有力支持。

自动化营销系统通过分析用户数据，实现精准的营销策略。该系统能够根据消费者的行为实时调整广告投放和促销活动，最大化营销效果。通过对用户行为的深入分析，自动化营销系统可以识别出潜在的消费需求，并在合适的时间和渠道进行精准投放，提高广告的转化率和投资回报率。这种基于数据驱动的营销方式，不仅提升了营销效率，也为电商企业带来了更多的市场机会和增长空间。

（二）实时数据分析决策

实时数据分析技术在数字经济时代的电商领域中扮演着至关重要的角色。它能够帮助电商企业快速识别市场趋势，及时调整产品策略和营销方案，以适应消费者需求的变化。这种能力使企业能够在瞬息万变的市场环境中保持竞争力。通过对海量数据的实时分析，企业不仅能预见市场的变化，还能在其发生之前做好准备，从而在激烈的市场竞争中占据主动地位。

通过实时监控用户行为数据，电商平台能够实现个性化推荐，提升用户体验和转化率。这种个性化的体验不仅增加了用户的购买欲望，还能有效提高销售额。个性化推荐系统依赖于对用户行为的深刻理解，通过分析用户的浏览历史、购买记录以及其他行为数据，电商平台可以精准地预测用户的需求，并在适当的时机进行产品推荐，从而极大地提高了用户的满意度和忠诚度。

实时数据分析为电商企业提供了精准的库存管理方案，这在优化供应链效率方面具有显著的优势。通过对库存数据的实时分析，企业能够有效降低缺货和过剩库存的风险。精准的库存管理不仅减少了仓储成本，还提高了资金的利用效率，使企业能够更灵活地应对市场需求的变化。这种能力在竞争激烈的电商市场中尤为重要，因为它直接影响企业的盈利能力和市场反应速度。

借助实时数据分析，电商企业能够快速响应客户反馈，改进产品和服务，提高消费者满意度和品牌忠诚度。客户反馈是企业了解市场需求和改进产品的重要来源。通过实时分析客户反馈，企业可以迅速识别产品或服务中的不足，并及时进行调整。这种快速响应机制不仅提高了消费者的满意度，还增强了品牌的市场竞争力，使企业在消费者心中建立了良好的形象。

实时数据分析还支持动态定价策略，使电商企业能够根据市场变化和竞争情况灵活调整价格，提升销售竞争力。在电商市场中，价格是影响消费者购买决策的重要因素。通过实时分析市场数据，企业可以对竞争对手的定价策略做出快速反应，确保自己的产品在价格上具有竞争优势。这种动态定价策略不仅提高了企业的市场竞争力，还在一定程度上提升了企业的盈利能力。

（三）低成本规模化扩张

在数字经济的推动下，电商企业正以前所未有的速度和效率实现低成本规模化扩张。利用数字化平台，电商企业能够迅速覆盖广泛的市场区域。在线渠道的优势在于其无须传统市场拓展的高昂成本，企业可以通过数字化手段快速进入新市场，极大地降低了市场进入壁垒。这种快速扩张不仅依赖于技术的进步，也得益于企业对数字化平台的有效利用，使市场拓展变得更加灵活和高效。

数据驱动的决策支持是电商企业实现低成本扩张的重要手段。通过对海量数据的分析，企业能够精准识别目标客户群体，制定更具针对性的营销策略。这种精准化的营销不仅提高了获取客户的效率，也显著降低了营销成本。电商企业能够迅速调整策略，以适应不断变化的市场需求，从而在竞争激烈的环境中占据有利位置。这种数据导向的决策模式使企业在拓展市场时能够保持成本的可控性。

自动化技术和智能化管理的应用，使电商企业在规模化运营的同时保持低成本结构。通过自动化的运营流程，企业能够减少对人力资源的依赖，从而降低人力成本。智能化管理系统的引入，使企业能够在提高运营效率的同时，确保服务质量的稳定。这种技术的应用不仅提升了企业的整体运营效率，也为企业在扩张过程中提供了强有力的支持，使规模化运营成为可能。

灵活的供应链管理模式是电商企业实现低成本规模化扩张的关键。通过实时的数据分析和市场需求的动态监控，企业能够快速调整库存和物流策略。这种灵活性使企业能够有效降低库存成本，避免因市场变化带来的资源浪费。通过优化供应链管理，企业能够在满足市场需求的同时，保持低成本的运营模式，为规模化扩张提供了有力保障。

社交媒体和用户生成内容的推广为电商企业提供了低成本的品牌传播和客户获取途径。通过社交平台的互动，企业能够以较低的成本实现品牌的广泛传播，吸引更多潜在客户。用户生成内容的广泛传播，不仅提高了品牌的知名度，也为企业的业务增长提供了新动力。这种低成本的营销方式，使电商企业能够在激烈的市场竞争中实现快速增长，推动业务的不断扩展。

第二章　数字经济时代的社交电商创新模式

第一节　社交电商平台的运营模式分析

一、平台定位与用户分层

（一）社交关系链的构建

社交关系链的构建在社交电商平台中扮演着至关重要的角色。它不仅是用户之间的连接工具，还是平台运营的核心之一。通过构建强大的社交关系链，平台能够更有效地将用户聚集在一起，形成一个活跃的社群。社交关系链的定义可以追溯到社交网络的基本结构，它是由用户之间的互动和信息交换所构成的网络。这种关系链在社交电商中尤为重要，因为它直接影响用户的参与度和互动频率，从而影响平台的活跃度和用户留存率。

社交关系链在社交电商中的重要性不言而喻。用户在社交关系链中不仅是信息的接收者，更是信息的传播者和影响者。每个用户在社交关系链中扮演的角色都不相同，有的是意见领袖，有的是信息的传播者。用户通过社交关系链进行互动，这种互动不仅包括简单的信息交换，还包括情感交流、商品推荐等多种形式。通过这种方式，用户之间的关系得以加强，平台的用户黏性也随之提高。

在社交关系链中，用户的角色与互动方式是多样化的。用户可以通过点赞、评论、分享等方式参与到社交关系链的构建中。同时，平台通过算法和大数据分析，识别出活跃用户和潜在的意见领袖，并给予他们更多的曝光机会。这种策略不仅有助于提升用户的参与感，还能有效地提高用户之间的互动频率，从而增强平台的社交属性。

社交关系链对用户购买决策的影响机制是多方面的。首先，用户往往会受到其社交圈中其他成员的影响，比如朋友的推荐或评价，这些都会对其购买决策产生直接影响。其次，通过社交关系链，用户可以获得更多的产品信息和使用反馈，这些信息的透明化使用户在做出购买决策时更加理性和自信。此外，社交关系链还可以通过增强用户的归属感和社区感来影响其购买行为。

提升用户黏性与忠诚度是社交电商平台追求的重要目标，而社交关系链在其中发挥着关键作用。通过社交关系链，平台可以加强用户之间的情感连接，形成一个稳定的用户群体。平台可以通过提供个性化的推荐、增加用户互动的趣味性等方式，进一步增强用户的黏性和忠诚度。同时，用户之间的互动也会产生更多的UGC，这不仅丰富了平台的内容生态，也为其他用户提供了更多的决策参考。

社交关系链在平台营销策略中的应用实例非常丰富。例如，某些平台通过社交关系链进行精准营销，根据用户的社交关系链分析其兴趣和需求，进而推送个性化的广告或优惠信息。这种策略不仅能提高广告的转化率，还能有效地提升用户的购物体验。此外，通过社交关系链进行口碑营销也是一种常见的策略，用户之间的推荐和分享往往比传统广告更具说服力，从而助推平台的营销效果。

（二）KOL与KOC的运营

在社交电商中，关键意见领袖（KOL）与关键意见消费者（KOC）扮演着至关重要的角色。KOL通常是拥有大量粉丝的公众人物，通过自身的影响力推广品牌和产品。而KOC则是普通消费者，他们的影响力虽不及KOL，但因其真实的消费体验和较高的可信度，常被视为更接地气的营销渠道。在社交电商中，KOL与KOC的角色定位不仅影响品牌的传播策略，还决定着营销活动的最终效果。通过精准的角色定位，企业能够更有效地利用这两类群体的影响力，实现品牌的广泛传播和用户的深度参与。

KOL与KOC在社交电商中的内容创作策略直接影响用户的信任度。KOL通常通过专业的内容制作和深刻的行业见解吸引用户关注，而KOC则通过分享真实的使用体验和生活化的内容赢得用户信赖。由于用户在社交平台上对信息的真实性和相关性要求较高，KOL与KOC的内容创作不仅需要具备创意和吸引力，还需保持真实性和可信度。这种策略不仅有助于提升用户对品牌的信任度，还能有效促进用户的购买决策，增强品牌的市场竞争力。

在互动方式方面，KOL与KOC通过与用户的积极互动，能够显著提升品牌的传播效果。KOL通常通过直播、短视频等形式与粉丝互动，借助其影响力和专业性，吸引用户参与品牌活动。而KOC通过评论、分享等方式，与身边的社交圈进行互动，形成口碑效应。这种互动方式不仅能增强用户的参与感和忠诚度，还能通过社交分享扩大品牌的影响范围，从而达到更好的传播效果。

精准营销是社交电商平台的重要策略之一，KOL 与 KOC 在其中发挥着不可或缺的作用。通过分析用户的兴趣和行为数据，企业可以选择合适的 KOL 与 KOC 进行产品推广。KOL 凭借其广泛的影响力，能够帮助品牌快速打开市场；而 KOC 则通过真实的消费体验，促使用户产生购买行为。利用这两类群体进行精准营销，不仅能有效降低营销成本，还能提升营销的转化率，实现品牌价值的最大化。

在社交电商平台中，KOL 与 KOC 的运营效果需要通过数据分析加以评估。企业可以通过数据监测工具，分析 KOL 与 KOC 的内容传播效果、用户互动情况以及销售转化率等指标。通过运用这些数据，企业能够了解 KOL 与 KOC 在品牌传播中的实际贡献，并据此优化营销策略。数据分析不仅有助于评估 KOL 与 KOC 的运营效果，还能为企业的决策提供科学依据，推动品牌在社交电商平台上的持续发展。

（三）用户画像与精准推送

用户画像与精准推送在社交电商平台中扮演着至关重要的角色。通过对用户的行为数据进行全面的分析，平台能够绘制详细的用户画像，这些画像不仅包括用户的基本信息，还包括他们的消费习惯、兴趣爱好和社交网络等多维度的数据。这些信息的收集和分析需要经过复杂的步骤，包括数据的获取、清洗、存储和挖掘。在数据分析的基础上，平台可以实现精准推送，通过个性化的内容和产品推荐，提升用户的购物体验和平台的商业价值。

用户画像的构建方法是实现精准推送的基础。首先，数据收集是关键的一步，平台需要通过多种渠道获取用户数据，如用户的浏览记录、购买历史、社交互动等。其次，数据分析是将原始数据转化为有用信息的过程，涉及数据清洗、特征提取和模式识别等步骤。最后，数据应用将分析结果应用于实际业务场景中，如个性化推荐和精准营销等。通过这些步骤，平台能够实现对用户需求的深刻理解，从而提高用户满意度和忠诚度。

精准推送的算法模型是社交电商平台实现个性化推荐的核心技术。利用用户行为数据，平台可以通过协同过滤、内容推荐和深度学习等算法，为用户提供符合其偏好的产品和服务。这些算法能够根据用户的历史行为和相似用户的行为模式，预测用户的潜在需求，并在合适的时机推送相应的内容。这种个性化推荐不仅提高了用户的购物效率，也增强了用户的黏性和平台的竞争力。

用户画像与市场细分之间存在密切的关系。通过用户画像，平台能够实现更为精准的市场定位，将用户群体划分为不同的细分市场。每个细分市场具有不同的需求和偏好，平台可以针对这些特定群体制定差异化的营销策略，从而提高市场的覆盖率和渗透率。这种基于用户画像的市场细分策略，使平台能够更加有效地分配资源，实现更高的投资回报率。

在广告投放中，用户画像的应用可以显著提升广告的转化率。通过对用户画像的深入分析，平台能够识别出潜在的高价值用户群体，并针对这些用户进行精准的广告投放。这样的策略不仅提高了广告的点击率和转化率，也降低了广告投放的成本。通过优化广告内容和投放时机，平台能够在满足用户需求的同时，实现商业利益的最大化。

精准推送对用户体验的影响是社交电商平台需要权衡的重要问题。在追求商业利益的同时，平台必须关注用户的满意度。过于频繁或不相关的推送可能导致用户的反感和流失。因此，平台需要在推送频率和内容相关性之间找到平衡点，通过合理的推送策略，提升用户的购物体验，增强用户对平台的信任和依赖。这种平衡的实现，是社交电商平台在数字经济时代保持竞争优势的关键。

二、内容生成与传播机制

（一）UGC与PGC的核心内容生态

UGC与专业生成内容（Professionally Generated Content，PGC）构成了社交电商平台的核心内容生态。UGC是由普通用户自发创作的内容，通常具有真实性和互动性，能够激发其他用户的参与与讨论。这种内容形式在社交电商中尤为重要，因为它能够通过真实的用户体验和口碑传播增强产品的可信度和吸引力。PGC由专业人士或机构生成，通常经过精心策划和制作，提升品牌的专业形象和市场影响力。PGC在品牌塑造中扮演着关键角色，其高质量的内容能够有效地传达品牌价值，建立消费者的信任。

UGC的特征在于其真实性、互动性和社区参与感，这些特性使其在社交电商平台上具有独特的优势。UGC能够通过真实的用户体验和情感共鸣，增强消费者对产品的信任感。此外，UGC的互动性使用户之间的交流更加频繁，能够促进信息的快速传播和社区的活跃。社区参与感使用户更愿意贡献内容，从而形成良性循环，进一步提升平台的内容丰富度和用户黏性。相比之下，PGC则以其专业性和高质量著称，能够通过精良的制作和精准的内容传递，提升品牌形象和市场竞争力。

PGC在品牌塑造中的作用不可忽视。通过专业内容，品牌能够有效地传达其核心价值和理念，塑造独特的品牌形象。PGC的高质量和专业性使其在消费者心中建立权威和信任，这有利于品牌的长期发展。同时，PGC还能够通过与UGC的结合，实现内容的多样性与丰富性，进一步增强用户的参与感和忠诚度。通过UGC与PGC的融合策略，社交电商平台能够在内容生成中实现互补，既保持用户的活跃度，又提升品牌的专业形象。

内容传播机制的优化是提升UGC与PGC曝光率的关键。社交平台的算法在这一过程中发挥着重要作用。通过对用户行为的分析，平台能够精准推荐用户感兴趣的内容，从而提升内容的曝光率和传播效果。优化算法不仅能提高UGC的互动性，还能确保PGC的精准触达目标用户。通过不断优化传播机制，社交电商平台能够在激烈的市场竞争中保持内容的领先地位，吸引更多用户的关注与参与。这一机制的有效运作，最终将推动平台的整体发展与创新。

（二）社交裂变与分享经济

社交裂变与分享经济是现代社交电商平台中两个核心的创新概念。社交裂变指的是通过社交网络的传播特性，实现信息和用户的快速扩散，这种机制使电商平台能够在短时间内获取大量用户。分享经济是通过共享资源的方式，降低用户的使用成本，提高资源利用率。这两者结合在一起，为社交电商提供了全新的运营模式，通过社交网络的力量，迅速扩大用户基础，同时通过共享经济的理念，提升用户的参与度和忠诚度。

社交裂变是指通过社交网络中的个人关系链条，将信息从一个用户传递到多个用户，形成指数级的传播效应。在社交电商中，这一机制被广泛应用于新用户获取、产品推广和品牌宣传等方面。社交裂变能够有效降低获客成本，通过用户间的信任关系，提高信息的传播效率和转化率。在社交电商平台上，裂变营销活动常常以优惠券、红包等形式激励用户分享和推荐，从而实现用户的快速增长和品牌的广泛传播。

分享经济是指通过互联网平台，共享闲置资源，以提高资源利用效率。社交电商平台通过整合分享经济的理念，促使用户成为资源的提供者和分享者。这种模式不仅降低了用户的消费成本，还增强了用户的参与感和归属感。在社交电商中，分享经济的应用体现在用户可以通过分享产品信息、参与产品设计和反馈等方式，深度参与到产品的生产和销售过程中，从而形成一个良性循环的生态系统。

社交裂变的触发因素主要包括用户的社交动机、经济激励和平台的技术支持。用户出于社交动机，愿意分享和推荐自己认为有价值的信息；经济激励通过优惠和奖励机制，刺激用户主动进行分享；而平台的技术支持为裂变的实现提供了便捷的工具和渠道。这些因素共同作用，使社交裂变成为电商平台用户增长的强大引擎。通过裂变机制，平台可以在短时间内实现用户数量的爆发式增长，同时也能提高用户的活跃度和忠诚度。

在分享经济模式下，用户激励机制是推动用户积极参与的关键。社交电商平台通过积分、折扣、返现等形式的激励措施，鼓励用户分享和推荐产品。这不仅能够提高用户的积极性，还能够通过用户的社交网络实现更好的推广效果。推广策略方面，平台通常会结合用户的社交行为特点，设计多样化的活动和互动环节，以增强用户的参与感和互动性，从而提升品牌的影响力和市场占有率。

社交裂变与分享经济在提升品牌忠诚度方面具有显著的作用。通过社交裂变，用户不仅是信息的接收者，也是信息的传播者，这种参与感和归属感有助于增强用户对品牌的认同。同时，分享经济通过鼓励用户参与产品的设计和推广，进一步提升了用户的忠诚度。用户在分享和参与的过程中，与品牌建立了更紧密的联系，从而对品牌产生更高的忠诚度。这种忠诚度不仅体现在重复购买上，还表现在用户愿意为品牌进行自发的宣传和推广。

（三）算法推荐与流量分发

算法推荐与流量分发在社交电商平台的运营中扮演着至关重要的角色。通过分析用户的行为数据，平台能够精准地识别用户的兴趣和偏好，从而在海量信息中筛选出最符合用户需求的内容。这种个性化的推荐不仅提升了用户的体验，也提高了用户的留存率。算法推荐技术的核心在于协同过滤、内容推荐和混合推荐等方法的应用。这些方法通过不同的机制实现信息的智能筛选和精准投放，为用户提供了更为个性化的内容消费体验。

流量分发策略是社交电商平台成功的关键之一。通过算法优化，平台可以实现精准的流量分发，确保用户在最合适的时间看到最感兴趣的内容。这种策略不仅提高了用户的参与度，也提升了平台的整体流量效率。在算法推荐系统中，用户行为数据的应用至关重要。通过对用户浏览、点击、购买等行为的分析，平台能够不断调整推荐策略，提升推荐的相关性和准确性。这种动态调整机制使平台能够在激烈的市场竞争中保持领先地位。

用户行为数据的深度挖掘和分析是提升算法推荐效果的关键。通过对用户偏好的细致分析，平台可以实现更加精准的内容推荐，从而增强用户体验与黏性。个性化推荐不仅提高了用户的满意度，同时也增加了用户在平台上的停留时间和消费频次。算法推荐对用户留存率的影响显著，通过不断优化推荐策略，平台能够有效提升用户的忠诚度和活跃度。这种基于数据驱动的推荐机制为社交电商平台的可持续发展提供了有力支持。

流量分发中的实时性和动态调整机制，使平台能够快速响应市场变化和用户需求。在数字经济时代，用户需求的变化速度极快，平台必须具备快速调整流量分发策略的能力，以便在最短时间内满足用户的个性化需求。这种灵活的流量分发机制，不仅提高了用户的满意度，也增强了平台的竞争力。在流量分发的过程中，平台通过实时监测和动态调整，确保用户始终能够接触到最新、最相关的内容，从而提升整体用户体验。

三、供应链与物流协同

（一）去中心化供应链

在数字经济时代，去中心化供应链逐渐成为社交电商平台运营模式中的关键组成部分。去中心化供应链指的是通过分布式网络技术，将传统的集中式供应链管理模式转变为由多个独立节点共同参与的网络系统。这种模式在社交电商中尤为重要，因为它能够打破信息不对称的壁垒，提高供应链的灵活性和反应速度。与传统供应链相比，去中心化供应链更能适应快速变化的市场需求，尤其是在社交电商平台上，消费者的偏好和需求变化迅速，去中心化供应链能够更好地适应这些变化。

去中心化供应链不仅重新定义了供应链管理的模式，还对传统供应链产生了深远的影响。传统供应链管理通常依赖于集中控制和层级式的管理结构，而去中心化供应链则通过分布式账本技术和点对点网络，减少了中间环节，降低了管理成本和时间成本。这种变革不仅提高了供应链的效率，还增强了供应链的弹性，使其能够更好地应对突发事件和市场波动。此外，去中心化供应链的实施还促进了供应链各环节之间的协同合作，提高了整体的运营效率。

去中心化供应链在提升供应链透明度与可追溯性方面具有显著优势。通过使用区块链技术，去中心化供应链可以记录每一个交易和物流环节的信息，使整个供应链过程透明化。这种透明化不仅有助于提高消费者对产品的信任度，还能帮助企业及时发现并解决供应链中的问题，降低风险。去中心化供应链的可追溯性也增强了企业对产品质量和来源的控制能力，有助于提升品牌声誉和市场竞争力。

智能合约是去中心化供应链中的重要组成部分，其应用为供应链管理带来了诸多优势。智能合约通过预先设定的条件和规则自动执行交易和操作，减少了人为干预和错误的可能。这种自动化的特性不仅提高了供应链的运行效率，还降低了交易成本和合规风险。此外，智能合约的应用使供应链各方能够更好地协同工作，确保每个节点的信息同步和操作一致，从而提升供应链的整体效能。

去中心化供应链与用户参与度之间存在密切关系，这种关系对提高市场响应速度具有重要影响。去中心化供应链通过开放的网络结构和信息透明化，鼓励用户积极参与到供应链的各个环节中，增强用户的参与感和责任感。用户参与不仅提高了供应链的灵活性，还加快了对市场变化的响应速度，使社交电商平台能够更迅速地调整产品和服务，以满足消费者的需求。在数字经济时代，这种快速响应能力是社交电商平台竞争优势的重要体现。

（二）柔性化生产与库存管理

在数字经济时代，柔性化生产与库存管理成为社交电商平台提高竞争力的关键因素。柔性化生产是一种能够快速适应市场变化的生产方式，其核心在于生产系统的灵活性和高效性。社交电商平台通过柔性化生产，可以更好地满足消费者的个性化需求，增强市场竞争力。柔性化生产的应用场景包括按需定制、快速响应订单变化等，这使电商平台能够在激烈的市场竞争中保持领先地位。

柔性化生产指的是生产系统能够快速调整，以适应不同产品和市场需求的变化。在社交电商中，这种生产方式尤为重要，因为消费者需求变化迅速，产品生命周期短。通过柔性化生产，社交电商平台可以快速推出新产品，满足消费者的多样化需求，提升用户满意度和忠诚度。

基于用户需求变化的动态库存管理策略是柔性化生产的一个重要组成部分。在社交电商平台上，用户需求的不确定性要求库存管理能够灵活调整，以避免库存积压或短缺。动态库存管理策略通过实时监控用户需求变化，结合大数据分析，优化库存水平，从而降低库存成本，提高资金周转率。这种策略不仅提升了供应链的效率，还增强了平台的市场适应能力。

柔性化生产对产品定制化的支持与实现方式是社交电商平台吸引消费者的一大亮点。通过柔性化生产，平台可以实现产品的高度定制化，满足消费者的个性化需求。具体实现方式包括模块化设计、灵活的供应链管理以及与消费者的互动设计。这样的定制化服务不仅提升了消费者的购买体验，还为平台带来了更多的商业机会和利润空间。

信息技术在柔性化生产与库存管理中的角色与作用不可忽视。信息技术的进步，使生产过程的自动化和智能化成为可能。在社交电商平台中，信息技术通过数据分析、物联网等手段，提升了生产和库存管理的效率和精准度。信息技术的应用使平台能够更好地预测市场需求，优化生产和库存策略，从而在竞争中占据优势地位。

柔性化生产如何提升供应链响应速度与市场适应能力是社交电商平台成功的关键。通过柔性化生产，平台可以快速响应市场变化，调整生产计划和供应链策略。这种灵活性使平台能够在市场需求波动时迅速调整，减少供应链的滞后，提高市场反应速度。柔性化生产不仅增强了平台的市场适应能力，还提升了整体供应链的效率和竞争力。

（三）“最后一公里”配送优化

在社交电商平台的运营中，“最后一公里”配送优化是提高用户体验和降低运营成本的关键环节。“最后一公里”配送指的是商品从配送中心到消费者手中的最后一段旅程，它在电商供应链中占据重要地位，直接影响用户的购物体验和平台的竞争力。随着数字经济的发展，消费者对配送速度和服务质量的要求不断提高，因此，“最后一公里”配送优化成为电商平台提升服务质量和用户满意度的关键任务。

为了实现“最后一公里”配送的优化，电商平台可以采用多种技术手段，如无人配送技术和智能配送系统。无人配送技术通过无人机或自动驾驶车辆实现高效、精准的配送，减少了人力成本和配送时间。智能配送系统通过大数据和人工智能技术，优化配送路径和时间安排，提高配送效率。这些技术手段不仅提高了配送速度，还降低了运营成本，增强了平台的市场竞争力。

在成本控制方面，“最后一公里”配送优化需要合理布局配送网络和实现资源共享。合理布局指的是根据订单分布和需求密度，优化配送中心和网点的设置，以减少配送距离和时间。资源共享可以通过与其他电商平台或物流公司合作，共享配送设施和运输工具，降低单个平台的运营成本。这种策略不仅提高了资源利用率，还促进了行业的协同发展。

用户体验是“最后一公里”配送优化的重要考量因素，配送时效和服务质量决定了用户满意度。电商平台需要确保配送的及时性和准确性，同时提供灵活的配送选择，如指定时间段配送或自提服务，以满足不同消费者的需求。此外，配送人员的服务态度和专业性也直接影响用户体验，平台应加强对配送人员的培训和管理，提升服务质量。

“最后一公里”配送的可持续发展实践也越发受到重视。绿色配送和环保包装是实现可持续发展的重要途径。电商平台可以通过使用电动车、共享单车等绿色交通工具，减少配送过程中的碳排放。同时，推广使用可降解或可循环利用的包装材料，减少包装废弃物。这些措施不仅有助于环境保护，还能提升企业的社会责任形象，增强消费者对平台的信任度和忠诚度。

第二节　社交电商的用户参与机制

一、用户激励与行为设计

（一）积分体系与会员制度

积分体系的设计原则包括公平性、透明性和激励性，旨在通过合理的奖励机制促进用户的长期参与。公平性确保所有用户在相同的条件下获得积分，透明性要求积分获取和使用规则清晰可见，激励性则通过不断更新的奖励政策激发用户的参与热情。通过这些原则，社交电商平台能够有效地维持用户的活跃度，鼓励他们在平台上进行更多的互动和消费。

会员制度的分级设置是提升用户体验的关键策略之一。通过不同等级的会员制度，平台可以提供差异化的权益和服务，满足不同用户群体的需求。高级会员往往享有更多的折扣、优先购买权或专属客服服务，这种差异化的策略不仅提升了用户的消费体验，也提高了用户的忠诚度。会员等级的提升通常与用户在平台上的活跃度和消费额挂钩，这种机制促使用户主动积极参与到平台的各项活动中，以获得更高的会员等级和相应的权益。

积分兑换机制的灵活性是吸引用户的重要因素之一。允许用户将积分用于多种形式的奖励，如折扣、商品或专属活动，使积分不仅是一个数字，更是可以带来实际利益的工具。灵活的兑换机制不仅提升了用户对积分的重视程度，也增加了他们参与积分活动的兴趣。通过精心设计的积分兑换活动，平台可以有效地引导用户的消费行为，提升整体的销售额和用户满意度。

用户行为与积分获取的关联是激励机制中不可或缺的一环。通过将积分获取与用户的购买、分享和评价等行为挂钩，平台能够有效地激励用户参与并提升活跃度。购买行为通常是获取积分的主要方式，而分享和评价等行为不仅帮助平台提升了品牌曝光度和用户口碑，也为用户提供了额外的积分获取途径。这种多元化的积分获取方式鼓励用户在平台上进行更多的互动，形成良性的用户参与循环。

会员制度的社群建设是提升用户归属感与忠诚度的重要手段。通过会员专属活动和互动，平台能够为用户创造一个具有归属感的社群环境。在这种环境中，用户不仅可以享受独特的权益，还可以通过参与各类活动与其他会员进行交流和互动。这种社群建设策略不仅提高了用户的忠诚度，也为平台创造了稳定的用户基础，促进了社交电商的可持续发展。

（二）游戏化与任务奖励

游戏化与任务奖励在社交电商中扮演着重要角色，通过巧妙的设计，提升用户参与感和满意度。游戏化元素的设计需注重挑战性、趣味性和社交性，这些元素可以激发用户的内在动机，促使他们在平台上投入更多的时间和精力。挑战性可以通过设定不同难度的任务来体现，趣味性通过丰富多样的互动形式来体现，而社交性通过用户之间的互动和分享来增强。通过这些设计原则，社交电商平台能够有效地提升用户的参与度，并在激烈的市场竞争中脱颖而出。

任务奖励机制是另一种提升用户活跃度和消费频率的重要手段。通过设计特定的任务并给予相应的奖励，用户被激励去完成这些任务，从而增加他们在平台上的活跃度。常见的任务奖励形式包括积分、优惠券和折扣，这些奖励形式不仅能够直接促进消费，还可以通过用户的分享和推荐来扩大平台的用户群体。此外，任务奖励机制还可以通过阶段性任务和长期任务的结合，保持用户的持续参与和忠诚度，形成良性循环。

游戏化互动的形式多样性是增强用户之间竞争与合作的重要因素。排行榜、成就徽章和虚拟货币等形式为用户提供了展示自我和竞争的机会，激发了用户的参与热情。排行榜可以激励用户相互竞争，成就徽章则为用户提供了荣誉感和成就感，而虚拟货币则可以用于兑换实际奖励，增加了用户的参与动机。这些多样化的互动形式不仅丰富了用户的体验，还为平台创造了更多的营销机会。

游戏化与品牌传播的结合是提升用户对品牌认知和情感连接的有效途径。通过游戏化体验，用户可以在轻松愉悦的环境中接触品牌信息，加深对品牌的理解和认同。相比传统广告这种体验式的品牌传播方式更具感染力和持久性。通过设计与品牌相关的游戏化内容，平台可以实现品牌价值的传递和用户忠诚度的提高，从而在竞争激烈的市场中建立独特的品牌形象。

用户反馈与游戏化体验的迭代优化是提升用户体验的重要环节。通过收集用户的参与数据，平台可以分析用户的行为模式和偏好，从而不断调整游戏机制以提升用户体验。这种基于数据驱动的迭代优化不仅能够提高用户的满意度，还可以增强平台的竞争力。在数据分析的基础上，平台可以及时发现用户的需求变化，并迅速做出反应，以保持用户的持续参与和忠诚度。

（三）社交互动与情感连接

社交互动与情感连接在社交电商中扮演着至关重要的角色。社交互动不仅包括用户之间的简单交流，还涵盖多种形式的沟通，如评论、分享和点赞等功能，这些功能在促进用户之间的沟通与联系方面发挥了重要作用。通过社交互动，用户不仅能表达自己的观点和感受，还能在更广泛的社交网络中传播信息，从而增强与他人的联系。这种多样化的互动方式不仅丰富了用户的社交体验，也为品牌提供了更多与用户接触的机会。

情感连接的建立是提升用户对品牌情感认同与忠诚度的重要手段。品牌故事和用户体验在这个过程中起着关键作用。通过讲述品牌的起源、发展历程以及价值观，使用户产生共鸣并建立对品牌的情感依赖。此外，优秀的用户体验能够进一步强化这种情感连接，使用户在使用产品或服务时感受到品牌的用心与关怀，从而提升对品牌的忠诚度。

社交平台中的社区氛围也是增强用户归属感与参与感的重要因素。通过用户间的互动与支持，社交平台能够营造出一种积极、友好的社区氛围，使用户感受到被接纳与认可。这种氛围不仅能够吸引更多用户的加入，还能激励现有用户更加积极地参与到社区活动中，形成一个良性循环。社区氛围的建设需要平台精心设计用户互动的机制，以确保用户在参与过程中获得积极的反馈与支持。

情感营销策略在社交电商中被广泛应用，通过情感共鸣和用户故事的分享来激发用户的购买欲望与参与热情。这种策略的核心在于通过情感的传递来影响用户的决策过程，使用户在购买时不仅考虑理性的因素，还受到情感的驱动。例如，通过分享用户的真实故事和情感体验，品牌能够激发用户的情感共鸣，从而增强他们的购买欲望和参与热情。

社交互动对用户行为的影响也是不容忽视的。积极的互动能够显著提升用户的消费频率与推荐意愿。用户在社交平台上与品牌或其他用户进行互动时，更有可能对品牌产生信任和好感，从而增加购买频率。同时，通过与其他用户分享自己的体验和感受，用户也更有可能成为品牌的推广者，向身边的人推荐品牌的产品或服务。这种基于社交互动的用户行为设计，不仅能够提升品牌的市场影响力，还能为品牌带来持续的用户增长。

二、用户共创与内容生产

（一）UGC 的价值挖掘

UGC 在数字经济时代的社交电商中扮演着至关重要的角色。UGC 的价值不限于内容本身，还在于其对品牌公信力的提升。通过用户的反馈，品牌能够更有效地传达产品的真实体验，提高消费者的信任度。在社交平台上，用户的评论、评价和分享构成了品牌的口碑，成为其他潜在消费者决策的重要依据。这样的真实性不仅能帮助品牌建立良好的声誉，还能在竞争激烈的市场中脱颖而出。

UGC 在品牌传播中的作用越发显著。用户的声音可以通过社交媒体广泛传播，扩大品牌的影响力，提高市场覆盖率。用户在自发分享使用心得时，实际上是在无形中为品牌做推广。这种口碑传播的方式，往往比传统广告更具说服力和亲和力。品牌可以通过策划 UGC 活动，鼓励用户分享内容，进而形成品牌与用户之间的良性互动。这种互动不仅提升了品牌的曝光度，也增强了用户的参与感和忠诚度。

社区参与感的增强是 UGC 的另一个重要贡献。通过 UGC，用户之间的互动得以加强，形成了一个以品牌为中心的活跃社区。用户在社区中分享经验、交流心得，增强了对品牌的归属感。这种参与感不仅有助于提高用户的满意度，还能激发他们的创造力，为品牌贡献更多优质内容。品牌通过积极回应用户的反馈，进一步拉近了与用户之间的距离，形成了一个良性循环。

UGC与市场调研的结合，为品牌提供了洞察市场需求与消费趋势的重要途径。用户生成的内容中蕴含着丰富的信息，品牌可以通过分析这些内容，快速捕捉市场动态和消费者偏好。这有助于品牌调整产品策略和营销方案，以更好地满足消费者的需求。UGC也为品牌提供了测试新产品或新功能的机会，通过用户的反馈来验证市场的接受度和改进方向。

UGC的多样性与创新性为品牌内容生态的丰富注入了新的活力。通过鼓励用户创造独特内容，品牌可以获得多样化的创意来源。用户的创意不仅为品牌带来了新鲜的视觉和体验，也为品牌的内容策略提供了更多选择。品牌可以通过奖励机制激励用户持续贡献内容，从而保持品牌内容的活力和创新性。这种多样化的内容形式，不仅满足了不同消费者的偏好，也为品牌带来了更多的市场机会。

（二）用户参与产品设计与反馈

通过让用户参与产品设计，企业不仅可以更好地了解用户需求，还可以提高产品的市场适应性。用户参与的过程通常包括收集用户意见、进行产品测试以及根据反馈进行产品迭代。这样的参与机制不仅丰富了产品的设计思路，也使用户在产品开发过程中感受到被重视，进而提高了对品牌的忠诚度。用户反馈在产品设计中的作用不可小觑，它不仅是产品优化的源泉，更是品牌与用户之间沟通的桥梁。

在用户参与产品设计的流程中，收集用户反馈是关键环节。企业可以通过社交媒体平台、在线调查问卷以及产品测试等渠道获取用户的真实反馈。社交媒体作为一种即时、互动性强的沟通工具，为企业提供了一个了解用户需求和偏好的重要窗口。在线调查可以系统化地收集用户的意见和建议，而产品测试能让用户直接体验产品并提出改进意见。这些渠道不仅增加了用户反馈的方式，也提高了反馈的效率和质量。

用户反馈对产品功能优化的影响显著。通过分析用户的建议，企业能够识别产品的不足之处，并进行针对性的调整和改进。用户的建议往往来自实际使用中的体验，使这些反馈具有很高的参考价值。企业在进行产品特性调整时，应充分考虑用户的意见，以确保产品的功能和体验能够满足用户的期望。这样不仅提升了产品的竞争力，也提高了用户的满意度和忠诚度。

为了激励用户积极参与产品设计，企业通常会采用多种激励机制。奖励和认可是最常用的方式之一。企业可以通过积分、折扣、限量版产品等方式来奖励参与设计的用户。此外，在社交平台上给予用户公开的认可和表扬也能有效提升用户的参与热情。这些激励措施不仅能吸引更多用户参与，还能增强用户的归属感和品牌认同感。

用户共创与品牌形象有着密切的联系。通过用户参与，品牌能够展示其开放、包容和以用户为中心的形象。这种开放的姿态不仅能增强用户对品牌的认同感，还能提高用户对品牌的忠诚度。用户感受到自己的意见被重视并且对产品的开发产生实际影响后，更有可能成为品牌的忠实拥护者和传播者。这种品牌忠诚度的提升，不仅带来了稳定的客户群体，还为品牌的长远发展奠定了坚实的基础。

（三）社区治理与规则制定

在数字经济时代，社交电商的繁荣发展离不开社区治理与规则制定的有效实施。社区治理不仅涉及制定明确的行为规范，还包括建立一个公平、透明和参与性的环境，以确保所有用户的权利和义务得到合理的平衡。这种治理模式要求社区管理者在规则的制定和执行过程中，充分考虑用户的反馈和需求，以便创造一个更具包容性和吸引力的社交电商平台。

社区治理的基本原则是确保公平性、透明性和参与性。这些原则的实施有助于使用户对社区产生信任，并促进社区的长期健康发展。公平性意味着所有用户在社区中享有平等的权利和机会，透明性要求社区的规则和政策公开且易于理解，而参与性则鼓励用户积极参与社区事务和规则制定。这些原则的综合应用能够有效地平衡用户的权利和义务，从而增强用户对社区的归属感和忠诚度。

社区规则的制定是一个动态的过程，需要不断地通过用户参与和反馈来进行优化。首先，社区管理者应建立一个开放的平台，让用户能够提出建议和意见，以便更好地理解用户的需求。其次，通过定期的用户调查和数据分析，识别出当前规则的不足之处，并根据用户的反馈进行调整。最后，在规则实施过程中，及时向用户通报变更情况，并收集进一步的反馈，以确保规则的持续改进和优化。

社区管理者在社交电商平台中扮演着关键角色，其主要责任是通过有效的沟通与协调，促进社区的健康发展。管理者需要具备良好的沟通技巧，以便在用户之间以及用户与平台之间搭建沟通的桥梁。此外，管理者还需具备协调能力，能够在不同利益群体之间找到平衡点，确保社区规则的公平实施。通过积极的互动和问题的及时解决，管理者能够提升用户满意度，并推动社区的可持续发展。

制定明确的用户行为规范是社区治理的重要组成部分。行为规范的目的是引导用户在社区中进行积极、健康的互动与交流。规范的制定应基于社区的核心价值观和文化，明确用户在不同情境下的行为期望。通过设置清晰的行为准则，社区可以有效地减少不良行为，提升用户的互动质量。同时，行为规范的传播和教育也是关键，确保所有用户都能理解和遵守这些准则。

在社交电商社区中，冲突和争议在所难免，因此建立有效的冲突解决机制至关重要。首先，社区应设立多元化的反馈渠道，方便用户报告问题和提出建议。其次，社区管理者应建立一套完善的调解机制，及时处理用户之间的争议与问题。通过专业的调解和合理的解决方案，社区可以有效地化解矛盾，维护和谐的社区氛围。此外，定期的冲突管理培训和经验分享也有助于提升社区管理者的调解能力。

三、用户留存与复购策略

（一）个性化推荐与场景化营销

在数字经济时代，个性化推荐与场景化营销成为社交电商平台促进用户留存与复购的重要策略。个性化推荐通过分析用户的历史行为数据，精准识别用户的兴趣与偏好，从而为其提供量身定制的商品推荐。这种方法不仅提高了用户的购物体验，还有效地提高了用户的购买频率。而场景化营销通过深刻理解用户的特定需求和使用场景，制定出贴合用户实际生活的营销策略。这种策略通过在合适的时间和地点推送相关产品，能够显著提升用户的购买意愿和满意度。两者结合，社交电商平台能够在激烈的市场竞争中实现更精准的市场定位，吸引更多用户的关注与参与。

个性化推荐的基本原理是基于大数据分析技术，通过对用户在平台上的浏览、搜索、购买等行为数据进行深度挖掘，构建用户的兴趣模型。通过这种方式，平台可以预测用户可能感兴趣的商品，并在用户再次访问时进行精准推荐。这种推荐机制不仅提高了用户的购物体验，还能有效地推动用户的复购行为，因为用户会感受到平台对其需求的关注和理解。此外，个性化推荐还可以通过机器学习算法不断优化推荐效果，使推荐内容更加贴合用户的真实需求，从而进一步提升用户的满意度和忠诚度。

场景化营销是一种基于用户特定需求和使用场景的营销策略，其核心在于通过对用户生活场景的深刻理解，制订出符合用户实际需求的产品推广方案。这种策略强调在合适的时间和地点，以用户最能接受的方式推送产品信息。例如，在用户计划旅行时，推送与旅行相关的商品；在用户关注健康时，推送健康食品或健身器材。通过这种方式，平台能够更有效地引导用户的购买行为，提高产品的转化率。场景化营销不仅能提升用户的购物体验，还能增强用户对平台的依赖感和忠诚度。

个性化推荐与用户体验密切相关，因为它直接影响用户在平台上的购物旅程。通过个性化推荐，用户能够更快捷地找到符合自己需求的商品，减少不必要的浏览时间，这极大地提升了用户体验。此外，个性化推荐还能让用户感受到平台对其个人需求的关注，从而提升用户的满意度。满意度的提升自然会增强用户的购买意愿，因为用户会倾向于选择能够理解和满足其需求的平台进行购物。因此，个性化推荐不仅是提升用户体验的重要手段，也是促进用户留存与复购的关键策略。

在社交电商中，场景化营销通过真实的生活场景来刺激用户的购买行为。例如，在节假日期间，平台会推出与节日相关的促销活动，结合用户的购买习惯和社交分享行为，推送个性化的节日礼物推荐。这种策略通过营造节日气氛，激发用户的购买欲望，从而提高购买转化率。在实际应用中，场景化营销还可以结合用户的地理位置、社交网络关系等因素，制定更具针对性的营销活动。这种基于实际场景的策略，不仅能提升用户的购物体验，还能显著提高平台的销售业绩。

个性化推荐与场景化营销的结合，为社交电商平台提供了更为精准的市场定位和用户吸引策略。通过个性化推荐，平台能够准确识别用户的兴趣和偏好，而场景化营销则通过用户的实际生活场景来制定更具针对性的营销策略。这种结合使平台能够在适当的时机，以用户最能接受的方式推送相关商品，从而实现更高的用户转化率和忠诚度。此外，这种策略还能帮助平台更好地识别市场机会，优化资源配置，提高整体运营效率。在激烈的市场竞争中，个性化推荐与场景化营销的结合是社交电商平台赢得用户青睐的重要手段。

（二）会员权益与专属服务

会员权益与专属服务在社交电商中扮演着重要角色，通过提供多样化的会员权益，平台能够有效增强用户的黏性和忠诚度。这些权益包括专属折扣、优先购买权和定制化服务，旨在满足不同用户的需求。专属折扣不仅能吸引用户进行首次购买，还能有效刺激复购行为。优先购买权为会员提供了在新品发布时的抢先体验机会，增加了会员的独特感和价值感。定制化服务通过对用户购买习惯和个人偏好的深入分析，提供更为精准的产品推荐，提升用户的购物体验和满意度。

会员服务的个性化推荐是基于对用户行为和偏好的数据分析进行的，旨在为客户提供量身定制的购物建议。这种个性化的服务不仅提高了用户的购物效率，还增加了用户对平台的依赖性。通过大数据技术的运用，平台可以分析用户的浏览记录、购买历史以及偏好，进而推荐最符合用户需求的商品或服务。这种精准的推荐机制，不仅提升了用户的购物体验，也为平台带来了更高的销售转化率和用户留存率。

会员活动的定期举办，如专属促销、线上线下互动体验等，是增强用户参与感与归属感的重要手段。通过这些活动，平台可以有效地与用户建立更紧密的联系，提高用户的品牌忠诚度。专属促销活动不仅可以吸引新用户加入会员体系，还能激励现有会员进行更多的消费。线上线下互动体验通过多感官的参与方式，让用户在购物过程中感受到更多的乐趣和价值，从而提升用户的整体满意度和忠诚度。

会员反馈机制的建立是实现会员权益和服务质量持续优化的关键。通过定期收集用户的意见和建议，平台可以及时了解用户的需求变化和服务不足之处，从而进行相应的调整和改进。这种双向沟通的机制，不仅让用户感受到自身意见的价值，也能帮助平台在激烈的市场竞争中保持优势。通过不断优化会员权益和服务质量，平台可以有效提升用户的满意度和忠诚度。

会员积分系统的灵活运用是提升用户活跃度与忠诚度的重要策略。通过允许用户利用多种方式获取积分，平台可以提高用户的活跃度，并通过积分兑换奖励等机制，增加用户在平台上的消费频率。积分系统不仅是对用户消费行为的奖励，也是用户参与平台活动的一种激励手段。通过积分的累计和兑换，用户可以感受到自身消费行为的价值，从而增强对平台的依赖和忠诚。

（三）情感化运营与品牌忠诚度

情感化运营与品牌忠诚度在数字经济时代的社交电商中扮演着至关重要的角色。情感化运营的核心在于通过情感共鸣与用户建立深层次的连接，以提升品牌忠诚度和用户黏性。通过这种方式，品牌不仅能在激烈的市场竞争中脱颖而出，还能在用户心中占据独特的位置。情感化运营强调与用户的情感交流，通过真实的情感传递，让用户感受到品牌的温度和关怀，从而增强他们对品牌的信任和依赖。

通过讲述品牌故事和用户体验，情感化运营能够有效增强用户对品牌的认同感，从而促进重复购买。品牌故事不仅是一种营销手段，更是一种与用户沟通的桥梁。通过讲述生动的故事和真实的用户体验，品牌可以让用户感受到其价值观和使命，从而产生情感共鸣。这种认同感是推动用户进行重复购买的关键因素，因为用户在购买时不仅是为了产品本身，更是为了与品牌建立情感连接。

情感化运营策略包括情感营销活动的设计，如利用节日、纪念日等特殊时刻进行品牌宣传，增加用户的情感投入。通过精心设计的情感营销活动，品牌可以在特定时刻与用户进行深度互动，增强用户的参与感和归属感。这些活动不仅能够提升品牌的知名度和美誉度，还能够在用户心中留下深刻的印象，从而增强他们对品牌的忠诚度。品牌在设计这些活动时，需要充分考虑用户的情感需求，以确保活动真正触动用户的心灵。

品牌可以通过用户反馈与互动，及时调整情感化运营策略，以保持与用户情感需求的契合，提高用户满意度。用户反馈是品牌了解用户情感需求的重要途径，通过收集和分析用户的反馈，品牌可以及时发现情感化运营中的不足之处，并进行相应的调整。通过与用户的积极互动，品牌不仅能提高用户的满意度，还能在用户心中建立负责任和关心用户的形象，从而进一步提高品牌忠诚度。

情感化运营还可以通过社交媒体平台的互动，如用户评论、分享和点赞，营造积极的社区氛围，提升品牌忠诚度。社交媒体平台为品牌提供了一个与用户进行互动的绝佳机会，通过积极的互动，品牌可以在用户心中建立一个活跃和正面的形象。在社交媒体上，用户的评论、分享和点赞不仅是对品牌的认可，也是对品牌情感化运营的直接反馈。通过这些互动，品牌可以营造一种充满活力和积极向上的社区氛围，从而提升用户的参与感和忠诚度。

第三节 社交电商的营销策略创新

一、社交广告与精准投放

（一）社交媒体广告形式

社交媒体广告形式在数字经济时代具有极大的多样性，能够有效适应不同用户的消费习惯和偏好。图片广告、视频广告和故事广告等形式的多样化，可以使品牌根据目标用户的特定需求和兴趣进行有针对性的广告设计。图片广告以其直观性和视觉冲击力吸引用户的注意力，而视频广告通过动态展示更丰富的信息，增强用户的情感共鸣。此外，故事广告作为一种新兴形式，通过短暂而生动的内容传递品牌信息，符合现代用户的碎片化阅读习惯。

社交平台的互动功能是社交广告的一大优势。用户可以通过评论、分享和点赞等功能参与到广告传播中，不仅增强了广告的传播效果，还提高了用户的参与度和品牌认知。用户互动带来的社交传播效应，使广告信息能够在用户之间快速扩散，形成良好的口碑传播，进而提升品牌的影响力。

精准投放是社交广告成功的关键。通过对用户数据的深入分析，品牌可以绘制详细的用户画像，结合用户的行为数据，实现广告的个性化推荐。这种基于数据分析的精准投放策略不仅提高了广告的相关性，还显著提升了广告的转化率。用户看到与自身兴趣和需求相关的广告，往往更易于产生购买行为，从而实现广告投资的最大化回报。

社交媒体广告的实时性特点，使品牌能够在瞬息万变的市场环境中保持敏捷。品牌可以根据市场变化和用户反馈，快速调整广告内容和投放策略，确保广告始终契合市场需求和用户期望。这种灵活性使品牌能够在竞争激烈的市场中保持领先地位，迅速响应消费者的需求变化。

（二）用户画像与定向广告

用户画像与定向广告在社交电商中的应用日益广泛，通过对用户基本信息、行为数据和兴趣偏好的综合分析，绘制详尽的用户画像，为广告的精准投放奠定基础。用户画像的绘制方法涉及多方面数据的整合，包括用户的年龄、性别、地理位置等基本信息以及浏览记录、购买历史等行为数据。同时，兴趣偏好的分析需要通过社交媒体的互动记录、点赞和分享行为等来实现。这些信息的汇总与分析，能够帮助广告主更好地理解目标用户，从而制定更具针对性的广告策略。

定向广告策略的设计是基于用户画像的核心环节，通过精准的用户画像，广告主可以实现更为精确的广告投放。这些策略不仅可以帮助广告主识别潜在客户，还能根据用户的不同属性和需求，量身定制广告内容。例如，对于某些特定兴趣群体，广告可以通过社交平台的算法进行定向展示，以提高广告的点击率和转化率。通过这种方式，广告主能够最大化地利用广告预算，获得更高的投资回报率。

用户画像在广告效果评估中的作用不可忽视，通过数据分析可以持续优化广告投放策略。广告主可以通过对广告点击率、转化率等关键指标的监测，评估广告的实际效果，并据此调整投放策略。例如，如果某一广告在特定用户群体中的表现不佳，广告主可以通过调整用户画像的权重或更新广告内容来提高其效果。此外，数据分析还能揭示用户行为模式的变化，使广告主能够及时调整投放策略，以保持广告的有效性。

个性化广告内容的创作是提升广告吸引力和转化率的重要手段。基于用户画像，广告主可以设计出更符合用户需求和兴趣的广告内容，从而提高广告的相关性和吸引力。通过对用户偏好的深入了解，广告内容可以更加贴近用户的生活方式和消费习惯，使用户更容易产生共鸣和购买欲望。这种个性化的广告体验，不仅提升了用户的广告接受度，也增强了品牌与用户之间的情感连接。

用户画像的动态更新机制是广告投放持续优化的关键。随着用户行为的变化，用户画像需要进行动态调整，以确保广告投放的精准性和时效性。通过持续的数据收集与分析，广告主可以及时捕捉用户兴趣和行为的变化趋势，进而调整广告策略。这种动态更新机制，不仅提高了广告的投放效率，也增强了广告主对市场变化的敏感度，使其能够在竞争激烈的社交电商环境中保持领先地位。

（三）广告效果监测与优化

广告效果监测与优化在社交电商的营销策略中扮演着至关重要的角色。通过有效的监测和优化，企业能够更好地了解广告的整体表现，从而提高营销投资的回报率。广告效果的监测通常依赖于一系列基本指标，包括点击率、转化率和用户留存率等。这些指标不仅能帮助企业评估广告的直接效果，还能为后续的广告投放提供数据支持。通过对这些指标的深入分析，企业可以识别出广告表现的优劣，从而更有针对性地进行策略调整。

实时数据分析工具的应用是广告效果监测与优化的关键。借助这些工具，企业能够动态监测广告的表现，及时调整投放策略以优化效果。实时数据分析工具的优势在于其高效性和及时性，使企业能够迅速应对市场变化和用户行为的波动。这种灵活的调整能力，确保了广告投放的精准性和有效性，从而在激烈的市场竞争中占据优势地位。

A/B 测试方法是广告效果优化的重要手段之一。通过对不同广告版本的对比，企业能找出最佳的广告创意和投放方式。A/B 测试不仅能够帮助企业优化广告内容，还能够提高广告的用户体验。通过逐步调整广告的各个元素，如图片、文字和投放时间，企业能够更好地满足用户的需求，从而提升广告的转化率和用户满意度。

用户反馈机制的建立也是广告效果优化的重要环节。通过收集用户对广告内容的反馈，企业可以持续改进广告策略和创意。用户反馈不仅提供了宝贵的市场信息，还能帮助企业更好地理解消费者的需求和偏好。这种双向的互动机制，不仅提升了广告的精准性，也增强了用户的参与感和忠诚度。

多渠道广告效果整合分析是全面评估广告效果的重要手段。通过综合不同平台的数据，企业能够形成全面的广告效果评估报告。这种整合分析不仅能帮助企业识别出各个渠道的优劣势，还能为广告预算的合理分配提供依据。通过全面的效果评估，企业能够更好地制定长期的广告策略，实现资源的最优配置和营销效果的最大化。

二、社交裂变与病毒式传播

（一）拼团、砍价等裂变玩法

拼团和砍价等裂变玩法在社交电商中扮演着至关重要的角色。这些玩法不仅是一种促销手段，更是一种通过社交互动实现用户增长的创新模式。拼团玩法的基本机制是通过用户邀请朋友共同购买商品以获得更低价格，这种机制激励用户分享和传播，从而提高商品的曝光率。用户在邀请朋友加入拼团的过程中，无形中充当了品牌的推广者，帮助商家以较低的成本实现了品牌的广泛传播和用户的快速积累。

砍价活动则通过设计让用户在社交互动中互相帮助降低商品价格。这种互动不仅增强了用户之间的联系和参与感，还激发了用户的主动性和创造性。用户为了获得更低的价格，会主动邀请朋友参与砍价，形成一种良性的互动循环。这种社交互动不仅提升了用户的购买体验，还增加了品牌的黏性，使用户更愿意在未来的购物中继续选择该品牌。

裂变玩法的用户激励机制在整个过程中起到关键作用。商家通过积分、优惠券等方式鼓励用户参与和分享，从而提升用户的活跃度。用户在获得实惠的同时，也为商家带来了更多的潜在客户。这种双赢的机制使裂变玩法成为社交电商中不可或缺的一部分。通过合理的激励机制，商家能够有效地提高用户的参与度和忠诚度，进而实现销售额的提升。

拼团与砍价活动的社交属性使其能够充分利用社交媒体平台的传播特性，扩大活动的影响力和参与范围。社交媒体的快速传播特性使这些活动能够在短时间内吸引大量用户的关注和参与。用户在参与活动中为品牌做宣传，形成了一种病毒式传播的效果。这种传播方式不仅能够快速提升品牌的知名度，还能为商家带来大量的新用户。

裂变玩法对品牌曝光率的提升尤为有效。借助用户的社交网络，商家能够实现病毒式传播，快速获取新用户。这种传播方式不仅成本低廉，而且效果显著。在用户的主动分享下，品牌的信息能够在短时间内覆盖广泛的受众，从而实现品牌的快速推广和市场份额的提升。通过合理设计裂变玩法，商家能够在激烈的市场竞争中脱颖而出，实现品牌的长远发展。

（二）社交货币与分享动机

社交货币在数字经济时代的社交电商中扮演着至关重要的角色。社交货币指的是消费者在社交网络中分享信息时所获得的非物质奖励，它不仅激励用户参与互动，还增强了品牌的影响力。通过理解社交货币的概念，企业可以设计出更为有效的营销策略，激励用户主动分享品牌信息，从而实现病毒式传播的效果。社交货币的核心在于其能够激发用户的分享动机，使信息在社交网络中得以快速扩散，形成裂变效应。

社交货币的定义涉及用户在社交平台上通过分享内容而获得的声誉、信任和社交资本。社交货币在社交电商中的重要性不可忽视，因为它不仅影响用户的分享行为，还能促进品牌的传播和用户的参与。通过社交货币，品牌可以建立与用户之间的信任关系，推动用户自发地传播品牌信息。这种自发性传播不仅降低了营销成本，还提高了品牌的可信度和用户的忠诚度，从而在竞争激烈的市场中占据一席之地。

社交货币分为信息、情感和物质奖励三种类型。信息奖励涉及用户通过分享有价值的信息而获得的认可和尊重；情感奖励指用户因分享而获得的情感满足和社交连接；物质奖励是用户因分享而获得的实际物质利益。不同类型的社交货币对用户行为的影响各异。信息奖励能够提升用户的专业形象，情感奖励能提升用户的社交体验，物质奖励则直接激发用户的分享欲望。企业应根据自身品牌特点和用户需求，合理设计社交货币类型，以有效激励用户行为。

社交货币通过提供分享动机，激励用户积极参与品牌活动。用户在分享过程中，不仅获得了社交认可，还获得归属感和成就感，这在无形中增强了用户的品牌忠诚度。通过设计巧妙的分享机制，企业可以让用户在分享品牌信息时感受到价值，从而提高用户的参与度。社交货币的运用不限于单纯的奖励机制，还可以通过创造话题性内容，激发用户的分享欲望，最终实现品牌的广泛传播。

在用户互动中，社交货币起到了润滑剂的作用。它通过激励用户分享，促进了用户之间的互动和交流，从而在社交网络中形成了品牌的传播效应。企业可以利用社交货币的激励作用，设计出吸引用户参与的活动，进而增强品牌的曝光率和影响力。通过社交网络，品牌能够更精准地触达目标用户群体，实现信息的快速扩散和传播效果的最大化。

设计有效的激励机制是社交货币成功应用的关键。企业可以通过积分系统、会员等级制度或限时优惠等方式，激励用户分享品牌信息。此外，利用社交平台的互动功能，创建用户社区，鼓励用户之间的交流与分享，也是提升品牌传播效果的有效策略。通过实施这些策略，企业不仅可以提高用户的活跃度，还能增强用户的品牌忠诚度和归属感，从而在激烈的市场竞争中获得优势。

（三）裂变路径设计与风险控制

裂变路径设计在社交电商中扮演着至关重要的角色。裂变路径设计不仅需要满足用户的体验需求，还必须考虑传播的便捷性和激励机制的有效性。用户体验是裂变路径设计的核心，用户只有在感受到参与过程的顺畅和愉悦时，才会更愿意参与并分享。此外，易传播性是确保裂变活动成功的关键因素，设计者需要确保信息能够快速在社交网络中扩散。激励机制则是推动用户参与和分享的动力来源，合理的奖励可以有效提升用户的参与积极性。

在裂变路径设计中，分析用户的社交网络至关重要。通过识别关键影响者和潜在的传播节点，可以大幅提高裂变策略的有效性。关键影响者通常是社交网络中的意见领袖，他们的参与和分享可以迅速提高活动的曝光度。而识别潜在传播节点有助于优化信息的扩散路径，确保能够覆盖更多的目标用户。通过这种方式，社交电商可以最大化地利用社交网络的力量来达到营销目的。

风险控制机制的建立是裂变路径设计中不可或缺的一环。通过对用户行为的监测和分析，企业可以及时识别潜在的负面影响并采取相应措施。监测用户的反馈和行为变化，可以帮助企业在裂变活动中保持主动，避免可能的公关危机。同时，风险控制包括对用户数据的保护，确保用户隐私不被泄露，以维护品牌的信誉和用户的信任。

裂变活动的反馈机制是确保其持续优化的关键。通过收集用户反馈和进行数据分析，企业可以不断调整和改进裂变策略与路径设计。用户反馈不仅能反映出当前策略的优缺点，还能为未来的活动提供宝贵的参考依据。数据分析可以揭示用户行为和偏好的变化趋势，为策略调整提供科学依据。通过这种方式，企业可以确保裂变活动始终处于最佳状态。

最后，裂变玩法的合规性审查是企业在设计和实施裂变活动时必须重视的方面。确保活动设计符合相关法律法规，不仅可以降低法律风险，还可以保护企业的品牌声誉。合规性审查需要对活动的各个环节进行细致的检查，确保不会触碰法律红线。通过这种严谨的审查，企业可以在激烈的市场竞争中立于不败之地。

第三章 数字经济时代的直播电商创新模式

第一节 直播电商的运营模式与盈利机制

一、直播电商的生态角色

（一）主播与 MCN 机构

在数字经济时代，直播电商作为一种新兴的商业模式，正迅速改变着传统的电商生态系统。在这一体系中，主播扮演着不可或缺的核心角色。主播不仅是产品的推广者，更是品牌形象的塑造者和用户互动的桥梁。通过与观众的实时交流，主播可以快速传达产品信息，激发消费者的购买欲望，从而在短时间内实现销量的提升。此外，主播的个人品牌建设也是直播电商成败的关键因素。一个有影响力的主播能够直接影响观众的购买决策，其个人魅力和专业性往往成为消费者选择产品的重要依据。

多频道网络（Multi - Channel Network，MCN）机构在直播电商中发挥着重要的支持作用。它们为主播提供专业的培训和丰富的资源支持，帮助主播提升直播能力和商业价值。MCN 机构通过系统化的培训课程，提高主播的表达能力、产品介绍技巧以及与观众的互动能力，从而增强主播在直播中的表现力和吸引力。此外，MCN 机构还通过数据分析和市场研究，为主播提供精准的内容策略和营销建议，帮助主播更好地把握市场动态和消费者需求，从而制定更具针对性的直播内容和营销策略。

在主播与 MCN 机构的合作中，利益分配机制是影响双方合作模式和发展方向的重要因素。合理的利益分配机制能够激励主播和 MCN 机构共同努力，形成双赢的局面。然而，随着市场竞争的加剧，利益分配问题也成为主播与 MCN 机构之间的潜在矛盾点。如何在利益分配上达成共识，建立长期稳定的合作关系，是主播与 MCN 机构需要共同面对的挑战。总的来说，主播与 MCN 机构的合作模式不仅影响直播电商的运营效率，也决定整个行业的未来发展方向。

（二）品牌商与供应链

品牌商在直播电商平台上与消费者的直接互动，正在重塑传统的市场反馈机制。在这种模式下，品牌商能够实时获取消费者的反应和意见，这种快速反馈机制使品牌商可以更迅速地调整产品设计和营销策略，从而更好地满足消费者的需求。这不仅缩短了产品从设计到市场的周期，还提高了品牌商在市场中的竞争力。通过直播电商，品牌商能够直接观察消费者的购买行为和偏好，从而在产品创新和市场定位上做出更明智的决策。

供应链管理在直播电商中也扮演着至关重要的角色。直播电商的即时性要求供应链具备高度的灵活性和响应能力，以确保产品能够在消费者下单后迅速、准确地送达。这种高效的供应链管理不仅提升了用户的购物体验，也在很大程度上影响着品牌的口碑和用户满意度。在直播电商环境下，供应链的管理需要不断优化，以适应快速变化的市场需求和消费者期望。

品牌商与主播的合作模式也呈现出多样化的趋势。通过联合营销、限量发售等方式，品牌商能够在短时间内大幅提升品牌的曝光率和市场影响力。这种合作模式不仅能够吸引更多消费者的关注，还能增强品牌的市场竞争力。在直播电商中，品牌商需要与主播建立紧密的合作关系，以充分利用主播的影响力和粉丝基础，实现品牌的快速传播和销售增长。

此外，直播电商的销售特点要求品牌商在库存管理上具备更高的灵活性。由于直播带来的销售波动和消费者需求的快速变化，品牌商必须及时调整库存策略，以避免库存积压或供应不足的问题。通过灵活的库存管理，品牌商能够更好地应对市场的不确定性，保持良好的库存周转率和资金流动性。

最后，通过与 MCN 机构的合作，品牌商能够获得更专业的市场分析和用户洞察。这些机构通常具备丰富的行业经验和很高的数据分析能力，能够为品牌商提供深入的市场洞察和消费者行为分析。借助 MCN 机构的专业支持，品牌商可以提升在直播电商中的影响力和销售转化率，从而在竞争激烈的市场中占据有利地位。通过这种合作，品牌商不仅能够更好地理解消费者的需求，还能在产品创新和市场策略上做出更精准的决策。

（三）平台与服务商

直播电商平台在主播、品牌商和消费者之间发挥着桥梁作用，提供多方互动的生态环境。在数字经济时代，直播电商平台不仅是一个交易的场所，还是一个集成了社交、娱乐和购物功能的综合性平台。通过实时互动，消费者可以在观看直播的过程中直接与主播进行沟通，增强了购物体验的参与感和即时性。平台的设计旨在通过多样化的互动方式，提升用户的黏性和忠诚度，从而形成一个稳定的用户群体。这种生态系统不仅促进了消费者与品牌之间的直接联系，也为品牌商提供了一个展示和推广产品的全新渠道。

服务商为直播电商平台提供技术支持，包括直播技术、数据分析和用户体验优化，提升整体运营效率。服务商在技术层面扮演着至关重要的角色，为平台提供先进的直播技术解决方案，确保直播过程的流畅性和稳定性。此外，服务商通过大数据分析帮助平台了解用户行为和偏好，从而实现精准营销和个性化推荐。用户体验优化通过界面设计和功能创新，提高用户的使用满意度。服务商与平台的合作不仅提高了平台的技术水平，也为平台的创新发展提供了源源不断的动力。

平台通过算法推荐和用户画像分析，帮助主播和品牌商精准定位目标受众，提高转化率。大数据和人工智能技术的应用，能够使直播电商平台对海量用户数据进行深度挖掘和分析。通过绘制用户画像，平台可以详细了解用户的消费习惯、兴趣爱好和购买力等信息。这些数据为平台的算法推荐系统提供了基础，使平台能够为用户推荐更加符合其需求的内容和产品，从而提高用户的购买意愿和转化率。这种精准营销策略不仅提高了平台的盈利能力，也为品牌商提供了更高效的市场推广方式。

直播电商平台的商业模式多样化，包括佣金模式、广告收入和增值服务，促进平台的可持续发展。佣金模式是指平台通过从交易中抽取一定比例的佣金作为收入来源，而广告收入则来自品牌商在平台上投放的广告费用。此外，平台还通过提供增值服务，如会员订阅、数据分析服务等，获取额外的收入。这些多元化的收入模式不仅增强了平台的盈利能力，也为平台的持续运营提供了经济保障。在不断变化的市场环境中，平台需要不断创新商业模式，以适应用户需求的变化和市场竞争的挑战。

平台与服务商之间的合作关系，影响直播电商的技术创新和市场推广策略，推动行业整体进步。平台与服务商的合作不限于技术支持层面，还涉及市场推广、用户体验改善等多个方面。通过与服务商的紧密合作，平台能够更快地适应市场变化，推出符合用户需求的新功能和新服务。这种合作关系也推动了行业的整体技术进步和市场拓展，为直播电商行业的健康发展奠定了基础。合作的深度和广度直接影响平台的竞争力和市场地位，是直播电商行业创新发展的重要驱动力。

二、直播电商的流量变现

（一）打赏、佣金与广告收入

直播电商的流量变现是其商业模式的重要组成部分，其中打赏、佣金与广告收入是三大核心收入来源。打赏机制为主播提供了一种直接的收入来源，观众可以通过赠送虚拟礼物或现金支持主播，这不仅为主播带来了经济收益，也增强了主播与观众之间的互动和黏性。这种互动关系的建立，有助于主播维持观众的忠诚度，进而提升直播间的活跃度和影响力。与此同时，佣金模式使主播在销售产品时从品牌商处获得一定比例的销售提成，这种激励机制促使主播更加积极地推广产品，并提高销售转化率。通过这种方式，主播不仅能提升个人收益，还能为品牌商创造更多的销售机会，从而实现双赢。

广告收入是直播电商流量变现的另一种重要渠道。通过直播间内的品牌广告投放，主播可以在直播过程中为品牌商宣传产品，获取额外的广告费，形成多元化的收入结构。这种模式不仅为主播提供了额外的收入来源，也为品牌商提供了一个高效的营销渠道。在直播过程中，主播通过与观众的实时互动，能够更生动地展示产品特点和使用场景，增加观众对产品的兴趣和购买欲望。此外，通过直播电商平台的流量分析，主播可以优化内容和推广策略，吸引更多观众参与打赏和购买，从而实现流量的有效变现。这种基于数据分析的策略优化，使直播电商的运营更加精准和高效。

品牌商在直播电商中的角色同样至关重要。通过与主播合作，品牌商可以利用主播的影响力进行产品推广，提升品牌知名度和市场份额。主播的个人魅力和专业能力能够有效吸引目标受众，从而为品牌商带来潜在客户和销售机会。品牌商通过与主播的合作，不仅可以增加产品曝光度，还能通过佣金支付的方式，激励主播更积极地推广产品，进而提升销售业绩。直播电商的这种合作模式，使品牌商和主播之间建立了互利共赢的关系，进一步推动了整个行业的繁荣发展。

（二）会员制与付费内容

在数字经济时代，直播电商的流量变现方式中，会员制与付费内容正成为重要的创新模式。会员制不仅为主播和品牌商建立了稳定的粉丝基础，还极大地增强了用户黏性和忠诚度。这种模式通过让用户支付会员费用，获得专属的权益和服务，从而提高复购率。会员制的实施，使主播和品牌商能够更好地了解用户的消费习惯和偏好，进而提供更具针对性的营销策略。此外，会员制还可以通过分级制度，为不同消费能力的用户提供差异化的权益和服务，满足多样化的用户需求。这种差异化的服务体验，能够有效地提升用户参与感和满意度，进而带动整体销售的增长。

付费内容作为直播电商中的另一种重要盈利机制，通过提供独特的、优质的直播体验，吸引用户为额外的内容或服务支付费用。这种模式不仅增加了主播的收入来源，也推动了内容创作者不断提升自身的专业能力和创造力。付费内容的设置，能够激励主播创造更高质量的内容，这不仅提升了整体直播的专业性和观赏性，也吸引了更多观众的关注。通过提供高质量的内容和服务，主播能够在激烈的市场竞争中脱颖而出，建立自己的品牌形象和用户群体。

会员制与付费内容的结合，形成了直播电商中多元化的收益模式。这种模式帮助主播和品牌商实现收入的可持续增长，同时也为用户提供了更为丰富和多样的选择。通过会员制的稳定收入和付费内容的高额回报，主播和品牌商能够更好地规划和投资于未来的发展。多元化的收益模式，不仅降低了经营风险，也增强了市场竞争力，使直播电商在数字经济时代的创新模式中占据重要地位。通过不断探索和优化会员制与付费内容的结合，直播电商将继续在数字经济的浪潮中开辟新的发展路径。

（三）数据服务与供应链金融

数据服务为直播电商提供了实时的市场分析和用户行为洞察，这不仅帮助主播和品牌商制定了精准的营销策略，还显著提高了销售转化率。在数字经济时代，数据已经成为一种重要的商业资产。通过对用户数据的深度分析，直播电商能够更好地理解消费者的需求和偏好，从而在激烈的市场竞争中占据有利地位。数据驱动的营销策略不仅能提高销售额，还能通过优化用户体验，增强消费者的购买意愿和品牌忠诚度。

通过大数据技术，直播电商实现了供应链的智能化管理。这种智能化管理体现在库存配置和物流配送的优化上。通过对市场需求的准确预测，直播电商能够有效降低库存积压和物流成本，提高运营效率。此外，智能化的供应链管理还提高了企业对市场变化的响应速度，使其能够在市场需求波动时迅速调整策略。这种灵活性和高效性使直播电商在应对市场竞争时更加游刃有余，进一步巩固了其在数字经济时代的市场地位。

供应链金融服务为品牌商提供了有效的融资解决方案，特别是在直播电商高峰期，品牌商往往面临资金压力。通过供应链金融，品牌商可以获得及时的资金支持，以确保能够满足消费者的需求。这种融资模式不仅缓解了品牌商的资金压力，还为其提供了更多的资金流动性，支持其在市场扩张和产品创新方面的投入。供应链金融的介入，使直播电商的商业生态更加完善，促进了整个行业的健康发展。

数据驱动的精准营销在提升用户体验方面发挥了重要作用。通过个性化推荐和定制化服务，直播电商平台能够为用户提供更为贴心的购物体验。这种个性化服务不仅提高了用户的购买意愿，也提高了用户对品牌的忠诚度。直播电商平台利用数据分析技术，监测直播效果和用户反馈，为主播和品牌商提供优化建议。这些建议有助于内容和产品的持续改进，使直播电商能够满足消费者不断变化的需求，保持市场竞争力。

直播电商平台通过数据分析技术，能够实时监测直播效果和用户反馈，为主播和品牌商提供优化建议。这种数据驱动的反馈机制，促进了内容和产品的持续改进。通过对直播效果的分析，主播可以调整直播策略，提升内容质量。而品牌商则可以根据用户反馈，优化产品设计和营销策略。这种持续的改进和优化，使直播电商能够不断提升用户满意度，保持市场竞争力，推动行业的可持续发展。

三、直播电商的供应链整合

（一）C2M 反向定制

C2M 反向定制模式，即消费者直接制造模式，这种模式在数字经济时代的直播电商中扮演着重要角色，通过直接获取消费者需求，缩短了产品设计和生产周期，提高了市场响应速度。这种模式的核心在于将消费者的个性化需求直接传递给生产厂家，形成一种需求驱动的生产方式。通过这种方式，企业能够更迅速地响应市场变化，减少产品滞销的风险。同时，C2M 反向定制还可以通过大数据分析，实时捕捉消费者的购买偏好和行为习惯，使品牌能够更精准地制订生产计划，从而在激烈的市场竞争中占据优势地位。

C2M模式使品牌商能够根据消费者的个性化需求进行精准生产，降低了库存风险和资源浪费。传统的生产模式往往是先生产再销售，这种方式容易导致库存积压和资源浪费。而C2M反向定制通过消费者的直接参与，使生产计划更加精确，减少了不必要的库存积压。这不仅提高了企业的运营效率，也在一定程度上减少了资源的浪费，对环境保护起到了积极作用。此外，精准的生产模式还可以帮助企业降低成本，提高利润率，从而增强企业的市场竞争力。

通过C2M反向定制，消费者可以参与到产品的设计过程中，增强了用户的参与感和品牌忠诚度。在这一模式下，消费者不仅是产品的购买者，更是产品的设计者之一。这种参与感使消费者对品牌产生更深的认同感和忠诚度。此外，消费者在设计过程中提出的建议和意见，也为品牌商提供了宝贵的市场信息。通过满足消费者的个性化需求，品牌商能够有效提升用户体验，提高客户的忠诚度，从而形成良好的口碑效应，为品牌的长期发展奠定基础。

C2M反向定制促进了品牌与消费者之间的互动，提升了品牌形象和市场竞争力。直播电商平台通过C2M模式，不仅拉近了品牌与消费者之间的距离，也使品牌在消费者心目中的形象更加亲民和可信。通过这种互动，品牌能够及时获取消费者的反馈和建议，进行产品的改进和创新，保持品牌的活力和竞争力。此外，品牌形象的提升也有助于吸引更多的消费者关注和参与，为品牌的发展提供源源不断的动力。

该模式依赖于大数据分析，能够实时捕捉消费者偏好，支持品牌商制定更具针对性的营销策略。在数字经济时代，大数据分析技术为C2M反向定制提供了强有力的支持。通过对消费者行为数据的深入分析，品牌商可以精准定位目标客户群，制定更具针对性的营销策略，提高营销的效果和效率。这种基于数据驱动的营销方式，不仅提高了品牌的市场占有率，也为品牌的创新和发展提供了新的思路和方向。通过运用大数据分析，品牌商可以在激烈的市场竞争中保持领先地位。

（二）预售制与柔性供应链

预售制通过提前锁定消费者需求，为品牌商提供了一种在生产前评估市场潜力的有效手段。这种机制不仅降低了库存积压的风险，还能够使企业更加准确地预测市场趋势和消费者偏好，从而优化生产计划。通过预售制，企业可以在产品尚未生产时就获得市场反馈，进而做出更为精准的市场决策。这种方式在一定程度上减少了资源浪费，提高了生产效率，同时也为企业带来了更为稳定的现金流。

柔性供应链是直播电商中另一种重要的创新模式，它能够根据实时市场反馈快速调整生产计划，确保产品能够及时满足消费者的个性化需求。柔性供应链的核心在于其高效的信息技术系统，这个系统能够实时监控库存和订单状况，从而大幅提高供应链的响应速度。在数字经济时代，消费者的需求变化迅速，柔性供应链的灵活性使企业能够快速应对市场变化，保持竞争优势。这种灵活性不仅体现在生产和库存管理上，还体现在物流和配送上，确保产品能够及时到达消费者手中。

预售制还为消费者提供了参与产品设计和选择的机会，增强了用户的购买意愿和品牌忠诚度。在直播电商中，消费者可以通过直播平台直接与品牌商互动，提出自己的需求和建议。这种互动不仅提高了消费者的参与感，还使品牌商能够根据消费者的反馈进行产品改进和创新。通过这种方式，品牌商能够更好地满足消费者的个性化需求，增强消费者的品牌忠诚度和购买意愿，从而提高销售转化率。

柔性供应链的实施依赖于高效的信息技术系统，这个系统能够实时监控库存和订单状况，提高供应链的响应速度。在数字经济时代，信息技术的发展为供应链的高效运作提供了有力支持。通过大数据分析和人工智能技术，企业能够对市场变化进行实时分析，并根据分析结果调整生产和销售策略。这种技术驱动的供应链管理方式，不仅提高了供应链的效率，还降低了运营成本，为企业创造了更大的利润空间。

预售制与柔性供应链的结合能够实现资源的优化配置，提升整体运营效率，降低生产成本。在直播电商中，预售制和柔性供应链的结合使企业能够在生产、库存、物流等各个环节实现资源的最优配置。这种优化配置不仅提高了企业的运营效率，还降低了整体生产成本，从而提高了企业的市场竞争力。未来，随着数字技术的进一步发展，预售制和柔性供应链的结合将为直播电商带来更多的创新机会和更大的发展空间。

（三）库存管理与物流协同

库存管理与物流协同在直播电商的供应链整合中扮演着关键角色。有效的库存管理系统能够实时更新数据，确保库存信息的准确性和及时性。这种实时性的重要性在于，它能够有效减少因信息滞后导致的缺货或过剩情况，使电商平台在高效运作中保持竞争力。库存信息的准确性不仅能帮助企业更好地掌控商品流通，还能优化资源配置，避免成本浪费。

通过智能化库存管理工具，企业可以优化库存配置，从而提升对市场需求变化的响应速度。这种优化不仅在于减少库存积压和资金占用，还在于降低运营成本，增强企业在瞬息万变的市场中的适应能力。智能工具的应用使库存管理更加精准，企业能够快速应对市场的波动，及时调整库存策略，以保持市场竞争力和客户满意度。

物流协同机制的建立是供应链整合的另一个重要方面。通过增强供应链各环节之间的信息共享与沟通，企业能够提高整体配送效率和准确性。信息的高效流通使各环节能够协同作战，减少因信息不对称导致的延误和错误。这种协同机制不仅提升了物流效率，还增强了供应链的整体韧性，使企业能够在复杂的市场环境中保持稳定运营。

采用先进的预测算法，结合历史销售数据和市场趋势，企业可以进行科学的库存需求预测。这种预测能力不仅减少了库存积压，还降低了资金占用风险。通过对市场趋势的精准把握，企业能够提前做好准备，避免因市场变化而措手不及。预测算法的应用使库存管理更加科学化和系统化，提升了企业的市场竞争力。

灵活的物流配送方案支持多种配送模式，如同城配送、次日达等，以满足不同消费者的需求。这种多样化的配送模式不仅提高了用户满意度，还增强了企业的服务能力。通过灵活的物流方案，企业能够更好地适应消费者的个性化需求，提升品牌形象和客户忠诚度。这种灵活性在当今竞争激烈的市场中尤为重要，能够帮助企业在服务质量上占据优势地位。

第二节　直播电商的内容生产与传播策略

一、直播内容的创意设计

（一）场景化与沉浸式体验

场景化与沉浸式体验在直播电商中扮演着重要角色，通过营造特定的环境，提升观众的代入感，使直播内容更具吸引力。场景化设计不仅是简单的背景布置，而且是通过精心策划的场景来传达品牌的核心价值和产品特色。例如，在家庭场景中展示家居用品，可以让观众更直观地感受到产品在日常生活中的应用，增强他们的购买欲望。同时，沉浸式体验利用虚拟现实或增强现实技术，进一步增强用户的互动感和参与感。这些技术手段不仅使观众能够“身临其境”地感受产品，还可以通过虚拟试用等方式，帮助用户更好地理解产品特性，从而提升观看体验和购买决策。

通过故事情节的设计，将产品推广与情感连接，是提升观众对品牌认同感的有效策略。在直播过程中，主播可以通过讲述与产品相关的故事，或是分享个人体验与心得，来激发观众的情感共鸣。这种情感连接不仅能够增强品牌的亲和力，还能通过情感传递来影响消费者的购买行为。此外，多元化的场景设置也是吸引观众的重要手段。不同的场景如家庭、户外、节日等，可以满足不同消费者的心理需求，提升观看的趣味性。例如，在节日期间，主播可以通过节日主题的场景布置来吸引观众的注意力，增强直播的节日氛围。

实时互动功能如投票、问答等，是提高观众参与度的重要工具。这些互动功能不仅可以促进用户与主播之间的互动，提高直播的活跃度，还可以通过用户反馈来调整直播内容，使其更符合观众的期望。观众在直播中通过实时互动表达自己的观点和需求，不仅提升了参与感，也使他们更容易对直播内容产生认同感和忠诚感。这种双向互动的模式，不仅有助于提高直播的观赏性，还能有效促进销售转化，成为直播电商成功的重要因素。通过这些创新的内容设计策略，直播电商能够在激烈的市场竞争中脱颖而出。

（二）故事化与情感共鸣

故事化与情感共鸣在直播电商中扮演着至关重要的角色。通过构建角色和情节，故事化叙述使产品推广更具吸引力，能够有效增强用户的情感认同。在直播过程中，主播通过巧妙的故事设计，将产品的功能和优势融入生动的情节中，使观众不仅是被动的接受者，更成为故事的一部分。这种方式不仅提高了产品信息的可记忆性，还能够激发用户的购买欲望，因为观众在情感上与产品建立了更深的联系。

利用故事化方法，主播可以将产品与日常生活场景结合，进一步增强观众的代入感和购买欲望。通过将产品融入观众熟悉的生活场景中，观众能够更容易地想象产品在自己生活中的应用场景，这种情境化的展示方式有效地缩短了产品与消费者之间的心理距离。此外，故事化的展示还能够激发观众的好奇心和探索欲望，使他们更加愿意参与到直播的互动中，从而提高直播间的活跃度和销售转化率。

通过情感驱动的内容，主播能够与观众建立深层次的连接，促进互动和参与，提升直播效果。情感共鸣不仅能够拉近主播与观众之间的距离，还能够激发观众的情感投入，使他们在观看直播的过程中产生共鸣。在这种情感驱动的互动中，观众不仅是信息的接收者，也成为情感的分享者，这种双向的情感交流能够有效提升观众的参与感和忠诚度，进一步增强直播的效果。

故事化内容的多样性（如幽默的故事、励志的故事、感人的故事等）能够满足不同观众的情感需求，增强直播的吸引力和传播效果。不同的观众群体对内容的情感需求各异，因此，直播内容的多样性尤为重要。通过幽默的故事，主播可以轻松化解观众的紧张情绪；通过励志的故事，能够激发观众的斗志；而感人的故事则可以触动观众的内心。多样化的故事内容不仅能够吸引更多的观众，还能够在不同的社交平台上实现更广泛的传播，最终提升直播电商的整体影响力。

（三）互动化与参与感

互动化与参与感在直播电商中扮演着至关重要的角色。互动直播功能的设计，如实时投票和问答，能够很大程度上增强观众的参与感。这些功能不仅使观众能够在直播过程中表达自己的观点和意见，还能让他们感受到自己是直播的一部分，从而产生更强的归属感和互动体验。这种参与感可以有效地促进观众与主播之间的情感联系，使观众在观看直播时更加投入和专注。

通过设置观众参与的环节，如抽奖和赠品，直播电商可以激励观众积极参与。这些互动环节不仅增加了直播的趣味性，还能显著提高直播的活跃度和观看时长。观众在期待中奖或获取赠品的过程中，会更加关注直播的内容和进程，从而增加了他们的停留时间。这种策略在提高直播的整体效果和观众的忠诚度方面发挥了重要作用。

利用社交媒体平台的互动功能，主播可以在直播前后与观众进行更深入的交流。这种交流不限于直播平台本身，还可以扩展到其他社交媒体渠道。通过在直播前与观众互动，主播可以了解观众的需求和期望，从而更好地设计直播内容；在直播后，主播可以通过互动巩固观众的忠诚度，增强用户的品牌认同感。这种全方位的互动策略有助于形成稳定的观众群体，并提升品牌的长期价值。

主播与观众之间的实时反馈机制是提升观众观看体验和满意度的重要手段。通过实时获取观众的反馈，主播可以迅速调整直播内容和节奏，以满足观众的需求。这种灵活性使直播内容更加贴合观众的兴趣点，提高了直播的吸引力。同时，观众的积极反馈也能激励主播不断改进和创新，形成良性互动循环，推动直播质量的持续提升。

二、直播内容的分发与传播

（一）多平台分发与流量互通

在数字经济时代，直播电商的快速发展使多平台分发与流量互通成为关键策略。通过多平台分发，主播可以将直播内容覆盖到不同的社交媒体和电商平台，从而最大化提高观众的触达率。这种策略不仅扩大了观众的覆盖面，还能通过不同平台的特性，吸引多样化的用户群体。各平台之间的流量互通机制能够使用户在不同平台之间无缝切换，这种便捷性提升了用户体验，并增加了观看时长和用户黏性。

随着多平台分发策略的深入应用，主播可以通过合作与联动，吸引不同平台的用户群体，进而扩大品牌的影响力。合作可以采取多种形式，如联合直播、跨平台活动等，利用各平台的优势资源，形成合力，增强品牌的市场竞争力。此外，利用数据分析工具，主播能够实时监测各平台的流量表现，及时调整和优化内容分发策略，以提升转化率。这种基于数据驱动的策略调整，使直播电商的运营更加精准和高效。

跨平台营销活动是多平台分发策略的重要组成部分。通过结合不同平台的特色，主播和品牌方可以制订针对性的推广方案，增强用户的参与感和品牌认同。例如，在某些平台上可以通过互动游戏增加趣味性，在另一些平台上则可以通过深度内容来提高用户的信任度。这样的策略不仅提升了用户的参与度，还能通过用户的积极互动，进一步传播品牌信息，形成良好的口碑效应，最终实现品牌价值的提升。

（二）社交媒体二次传播

社交媒体二次传播在直播电商中发挥着至关重要的作用。社交媒体平台的UGC具有强大的影响力，这些内容可以在无形中增强品牌的传播力。用户在社交媒体上分享他们的体验和评价，不仅能为品牌带来真实的口碑，还能吸引更多潜在消费者的关注和参与。这种UGC的传播效应在很大程度上依赖于用户的主动分享和互动，形成了一种自发的传播网络。这种网络不仅扩大了直播内容的受众范围，还提升了内容的可信度和影响力。在数字经济时代，这种以用户为中心的传播模式成为品牌营销的重要策略。

通过社交媒体的分享功能，主播可以有效地鼓励观众将直播链接传播到他们的个人社交圈。这种分享行为不仅有助于扩大直播的观众基础，还能显著提升直播内容的影响力。观众在分享的过程中，实际上是在为品牌进行免费宣传，形成一种口碑式的传播效应。此外，社交媒体的互动功能，如评论、点赞和分享，能够有效促进观众之间的讨论和交流。这种互动不仅增加了直播的热度和参与度，还能为品牌带来更多的关注和流量。在直播电商中，如何利用社交媒体的这些功能，成为品牌和主播需要重点考虑的策略。

利用社交媒体平台的广告投放功能，主播和品牌商可以实现精准的目标受众定位。通过分析用户的兴趣和行为数据，品牌可以将直播内容精准推送给潜在的消费者群体。这种精准投放不仅提高了直播内容的曝光率，还能有效提升转化率，增加销售额。在社交媒体平台上，算法推荐机制也起到了关键作用。平台通过分析用户的历史行为和兴趣偏好，能够为用户推荐相关的直播内容。这种推荐机制不仅提高了用户的观看体验，还能提高品牌的忠诚度。在竞争激烈的数字经济时代，如何利用社交媒体的算法推荐机制，成为品牌提升竞争力的重要手段。

（三）内容沉淀与品牌资产

在数字经济时代，直播电商的崛起不仅改变了传统的购物方式，还为品牌的内容生产与传播带来了新的挑战和机遇。内容沉淀与品牌资产的关系在这一过程中显得尤为重要。通过不断积累优质的直播资料，品牌能够形成独特的内容库。这不仅提升了品牌的市场认知度，也提升了用户的忠诚度。消费者在面对琳琅满目的品牌选择时，往往会被那些拥有丰富内容积累的品牌所吸引，因为这些品牌能够提供更具深度和广度的信息，从而在市场中脱颖而出。

品牌资产的形成在很大程度上依赖于高质量的直播内容。优质的直播内容不仅是商品信息的传递媒介，更是品牌价值观的体现。通过精心策划和制作的直播内容，品牌能够有效传递其核心理念和价值观，增强消费者的情感共鸣和品牌认同感。这种情感共鸣是品牌资产的重要组成部分，能够在消费者心中建立强大的品牌形象，进而影响其消费决策和忠诚度。

此外，通过内容沉淀，品牌可以建立系统化的知识管理平台。这一平台不仅优化了内容创作流程，提高了运营效率和内容质量，还为品牌的长期发展提供了坚实的基础。系统化的内容管理使品牌能够在需要时快速调用和更新内容，提高响应市场变化的速度。内容沉淀也为品牌提供了持续的营销素材，支持多样化的推广活动，降低后续内容创作的成本。

良好的内容沉淀策略能够为品牌提供源源不断的营销素材，这对于品牌的长期发展至关重要。在竞争激烈的市场环境中，品牌需要不断创新和更新其内容，以保持消费者的新鲜感和关注度。通过内容沉淀，品牌可以在此过程中节省大量的时间和资源，同时确保内容的高质量和一致性。这种策略不仅降低了后续内容创作的成本，还提高了品牌的市场竞争力。

最后，品牌通过沉淀的内容可以进行再营销。利用历史直播数据，品牌可以分析用户的偏好和行为模式，制定更精准的市场策略和产品推广方案。这种基于数据的再营销策略能够提升品牌的市场投放效率，增加销售转化率。通过对用户偏好的深入分析，品牌能够更好地满足消费者的需求，提高用户体验，从而进一步提高品牌的市场地位，增强竞争优势。

三、直播内容的合规与风险控制

（一）内容审核与版权保护

在数字经济时代，直播电商已成为一种重要的商业模式，其内容的合规与风险控制显得尤为重要。内容审核机制的建立是确保直播内容符合相关法律法规的关键步骤。通过严格的审核流程，可以有效避免传播不当信息或违法内容，从而维护平台的合法性与公信力。各大直播平台纷纷设立专门的审核团队，运用人工智能技术辅助审核，确保内容在上线前经过严格的把关。这样的机制不仅保障了平台的内容质量，也为用户提供了一个健康、安全的观看环境。

版权保护措施的实施是维护创作者合法权益的重要手段。在直播电商中，著作权登记和侵权行为的监测尤为重要。平台通过技术手段和法律手段双管齐下，确保创作者的作品不被非法使用或传播。通过与法律机构的合作，平台能够及时追踪和处理侵权行为，从而在最大限度上保护创作者的利益。此外，平台还鼓励创作者进行著作权登记，以增大法律保护的力度。

主播与品牌商之间的内容使用协议是防止版权纠纷的有效措施。这样的协议通过明确各方在直播内容中的权利和义务，能够预防因版权不清而导致的法律争端。在协议中，详细规定了直播内容的使用范围、使用期限以及收益分配等具体事项。这样的协议不仅保障了各方的合法权益，也为直播电商的健康发展奠定了基础。

建立用户举报和反馈机制是提升直播平台合规性的重要环节。用户作为直播内容的主要接收者，其反馈对于平台内容的监管具有重要意义。通过便捷的举报渠道，用户可以及时报告违规内容和侵权行为，平台则能够迅速响应并处理这些问题。这种互动机制不仅提高了平台的公信力，也增强了用户的参与感和责任感。

定期进行内容审核培训是提高主播和相关人员版权意识的有效途径。通过培训，主播和从业人员能够更好地理解和遵守版权法律法规，减少因无知而导致的侵权风险。培训内容包括版权基础知识、侵权案例分析以及法律责任等，通过生动的案例和专业的讲解，提升从业者的法律素养和合规意识，从而为整个直播电商行业的健康发展提供保障。

（二）虚假宣传与质量管控

在数字经济时代，直播电商作为一种新兴的商业模式，面临着虚假宣传与质量管控的双重挑战。为了有效应对这些问题，建立严格的内容审核机制显得尤为重要。每一场直播内容在发布前都应经过专业团队的审查，确保信息的真实性和准确性，避免误导消费者。通过这样的机制，可以有效减少虚假宣传，提升消费者对直播电商的信任度。此外，制定明确的产品质量标准和服务规范也至关重要。所有推广的产品必须符合相关质量要求，以保护消费者的合法权益。这不仅有助于树立良好的企业形象，还能为直播电商的可持续发展奠定坚实的基础。

在此基础上，加强对主播的培训与教育同样不可忽视。主播作为直播电商的直接参与者，必须具备较高的职业素养和责任感。通过系统的培训，提高其对虚假宣传的认识，确保在直播过程中提供真实、准确的信息，减少因信息不实带来的负面影响。同时，建立用户反馈和举报机制，鼓励消费者对虚假宣传行为进行投诉。这种机制不仅能及时发现并处理相关问题，还能为企业提供改进服务的依据，进一步提升消费者的满意度和忠诚度。

此外，直播电商企业应积极与第三方机构合作，定期进行市场调查和产品质量评估。这种合作不仅能够为企业提供专业的质量监控和控制服务，还能够帮助企业在激烈的市场竞争中保持优势。通过第三方的客观评价，企业可以及时发现潜在问题并加以改进，确保直播电商中的产品和服务质量始终处于行业领先水平。

（三）用户隐私与数据安全

在数字经济时代，直播电商发展迅速，但随之而来的用户隐私与数据安全问题也越发突出。用户隐私与数据安全不仅关乎平台的声誉，更是维护用户权益的重要基石。为了增强用户对平台的信任，建立用户隐私保护政策至关重要。明确收集、使用和存储用户数据的范围和目的，可以有效减少用户的疑虑，提升其对平台的信任感。这种透明度不仅是合规的要求，更是企业社会责任的体现。

在技术层面，实施数据加密技术是保障用户个人信息安全的关键措施之一。无论是在数据传输还是在存储过程中，数据加密都能有效防止信息泄露和未经授权的访问。这种技术手段为用户提供了更高的安全保障，降低了数据被窃取的风险。在信息化高度发达的今天，数据加密技术的应用已成为电商平台不可或缺的一部分，为用户营造了一个更为安全的购物环境。

定期进行数据安全审计是评估和改进用户数据保护措施的重要环节。通过审计，可以及时发现和解决潜在的安全隐患，确保数据保护机制的有效性和时效性。这不仅有助于提升平台的安全水平，也能在一定程度上防范黑客攻击和数据泄露事件的发生。数据安全审计的结果应当被视为平台改进安全措施的重要依据，帮助平台在快速变化的技术环境中保持竞争力。

为用户提供数据访问和删除请求的权利，能够显著增强用户的控制感。用户可以随时查看和管理其个人信息的使用情况，这种自主权的赋予，不仅提高了用户对平台的信任度，也符合当前数据保护法律法规的要求。通过赋予用户更多的控制权，平台可以有效减少因信息使用不当而引发的纠纷，提升用户体验。

开展用户隐私教育活动是提高用户对数据安全和隐私保护意识的重要手段。通过教育活动，用户能够更好地识别潜在的网络风险和安全威胁，从而采取更为有效的防护措施。这种教育不仅有助于增强用户的安全意识，也能在一定程度上减轻平台的安全管理压力。通过多方努力，构建一个安全、透明的直播电商环境，是未来发展的必然趋势。

第三节　直播电商的用户互动与转化路径

一、用户互动设计

（一）弹幕、评论与点赞

弹幕、评论与点赞在直播电商中扮演着至关重要的角色。弹幕功能的引入为用户提供了实时互动的机会，使观众能够在观看直播的过程中即时表达自己的情感和观点。这种即时性不仅增强了观众的参与感，还使直播内容更加生动和具备互动性。通过弹幕，观众可以与主播进行直接交流，影响主播的实时反应和内容调整，从而提升用户的观看体验。

评论区的存在为观众提供了一个交流和讨论的平台。用户可以在评论区就直播内容进行深入讨论，分享个人见解和使用体验。这种互动不仅有助于形成一种社区氛围，还可以增加用户的黏性，使观众更愿意长时间停留在直播间。评论区的讨论热度往往能够反映出直播内容的受欢迎程度，也为主播和品牌商提供了宝贵的用户反馈。

点赞机制是用户对直播内容进行积极反馈的一种方式。通过点赞，观众可以表达对主播的支持和对内容的认可。这不仅提升了主播的自信心和内容创作的动力，也为其他观众提供了一个内容质量的参考指标。点赞数量的多少常常被视为直播内容受欢迎程度的一个重要标志，进而影响其他观众的观看决策和购买意愿。

弹幕与评论的互动能够形成实时的舆论热点。这些热点不仅能够吸引更多观众的关注，还可能影响观众的购买决策。通过对弹幕和评论的分析，主播和品牌商可以深入了解观众的偏好和需求。这些数据分析结果为优化后续的直播内容和产品策略提供了重要依据，使直播电商的运营更加精准和高效。这样一来，不仅可以提升直播间的转化率，还可以增强品牌与用户之间的互动关系。

（二）抽奖、问答与投票

抽奖、问答和投票是直播电商中常见的用户互动设计，这些设计不仅丰富了直播内容，还提升了用户的参与度。抽奖活动通过提供即时奖励，极大地激发了用户的参与热情。观众在直播间积极参与抽奖，不仅增加了直播间的活跃度，还吸引了更多观众的关注和互动。这种即时性和不可预测性使观众更加投入，进而提升了品牌的曝光率和用户的忠诚度。此外，抽奖活动通过奖励机制也为品牌带来了潜在的消费者，增加了产品的销售机会。

问答环节则为观众提供了与主播直接互动的机会，使用户能够更深入地了解产品。通过这种互动形式，观众可以即时提出关于产品的疑问，并从主播那里获得解答。这不仅增强了用户的参与感，还提高了他们对产品的理解和信任度。主播在问答环节中展示的专业知识和亲和力，能够有效地拉近与观众之间的距离，促进更深层次的交流。这种互动方式也为品牌提供了一个展示产品优势和特色的绝佳平台，有助于提高销售转化率。

投票功能是另一个重要的互动工具，它帮助主播实时了解观众的偏好和需求。通过投票，主播可以获得观众对产品、活动或话题的反馈，从而及时调整直播内容，以提升观众的满意度。这种实时反馈机制不仅提高了直播节目的灵活性，还增强了观众的参与度和归属感。观众在投票过程中表达的意见和建议，为主播优化直播策略提供了重要依据，也为品牌的市场决策提供了数据支持。

（三）私域流量运营与社群管理

私域流量运营与社群管理在数字经济时代的重要性日益凸显。私域流量可以被理解为品牌在各种社交平台或自有平台上积累的用户资源，这些用户资源与品牌之间有着更加直接和深度的互动关系。私域流量的定义不限于用户数量的积累，还在于用户质量的提升和与品牌的深度互动。在数字经济时代，私域流量对品牌和消费者关系的影响深远。通过私域流量的运营，品牌能够更好地掌握用户需求和行为，从而制定更精准的营销策略，提升用户体验和用户黏性。

社群管理是私域流量运营的重要组成部分。通过建立和管理用户社群，品牌可以有效提升用户黏性和品牌忠诚度。社群管理策略包括组织线上线下活动、定期推送高质量内容、建立用户反馈机制等。通过这些策略，品牌能够与用户建立更紧密的联系，增强用户的参与度和归属感。社群不仅是品牌与用户之间的桥梁，也是用户之间相互交流的平台，这种双向互动能够进一步提升用户对品牌的认同感和忠诚度。

私域流量的转化路径是将社群用户有效转化为购买客户的关键。品牌需要设计科学合理的转化路径，结合用户的需求和行为特点，制定个性化的营销策略。通过精准的用户画像和行为分析，品牌可以在适当的时机推送合适的产品和服务，提升用户的购买意愿和销售转化率。此外，品牌还可以通过会员制度、优惠活动等方式，激励用户多次购买，从而提升销售额。

用户数据的收集与分析在私域流量运营中扮演着至关重要的角色。通过数据驱动的决策，品牌可以不断优化社群运营效果。用户数据的收集包括用户基本信息、行为数据、购买记录等，通过对这些数据的分析，品牌可以洞察用户需求和偏好，调整营销策略和产品设计。同时，数据分析还可以帮助品牌识别高价值用户，制定差异化的运营策略，提高用户的满意度和忠诚度。

私域流量的持续维护是保证用户活跃度和参与感的关键。通过定期互动和内容更新，品牌可以保持用户对社群的关注和参与。品牌可以通过推送有趣和实用的内容、组织互动活动、提供个性化服务等方式，提高用户的活跃度。此外，品牌还需要关注用户反馈，及时调整运营策略，以满足用户不断变化的需求和期望。通过持续的维护和优化，品牌可以在激烈的市场竞争中保持竞争优势，提升品牌价值和用户忠诚度。

二、用户决策引导

（一）限时优惠与稀缺性营造

限时优惠通过设定时间限制的促销活动，能够有效激发消费者的紧迫感。这种心理压力促使消费者在短时间内作出购买决策，从而显著提升购买转化率。在数字经济时代，消费者面临的信息量巨大，快速决策的重要性愈加突出。限时优惠的策略不仅帮助商家在短时间内实现销售目标，还能通过营造紧迫感，增强消费者对品牌的信任和忠诚度。

稀缺性营造通过限制产品数量或强调产品的独特性，来增加消费者对产品的购买欲望。这种策略能够有效提升产品的吸引力和品牌价值感。在直播电商中，主播可以通过实时更新库存情况，进一步增强消费者的购买决策压力。稀缺性不仅是产品数量的限制，更是一种心理暗示，促使消费者认为产品的价值高于实际，从而愿意为其支付更高的价格。这种策略有助于提升购买意愿，也有助于品牌形象的塑造。

结合限时优惠与稀缺性策略，主播可以在直播中巧妙运用心理学原理，塑造产品的稀缺性，促使观众感受到产品的购买必要性。通过这种方式，主播不仅能够提升产品的销售量，还能增强观众的购买体验。在直播过程中，主播的引导、产品的展示以及限时优惠的结合，形成了一种独特的购物体验，使消费者在享受购物乐趣的同时也获得一种参与感和成就感。

（二）信任背书与权威认证

信任背书与权威认证在直播电商中扮演着至关重要的角色。通过知名品牌或权威机构的认证，消费者对产品的信任度显著提高，这直接影响他们的购买意愿。在数字经济时代，消费者在海量信息中作出购买决策时，往往依赖于这些信任标志。知名品牌的背书不仅是对产品质量的认可，也是对消费者心理的安慰，减少了消费者在购买过程中的不确定性和风险感。

在直播过程中，主播可以通过展示自己的专业资质或行业经验，建立个人品牌的权威性。这样的展示不仅提升了观众对主播的信任感，还增强了对推荐产品的信心。主播的专业背景和行业经验成为他们与观众之间建立信任桥梁的重要工具。面对琳琅满目的产品，观众更信任有资质、有经验的主播推荐的产品，这种信任关系直接促成了购买行为。

用户评价和反馈作为信任背书的重要组成部分，显示出其独特的价值。真实的消费体验展示，不仅为潜在客户提供了参考，也增强了他们的信任度和购买决策的信心。在直播中，主播可以通过展示用户的积极反馈和评价，进一步提升产品的可信度。这种互动形式不仅增加了消费者的参与感，还在潜移默化中影响了他们的购买决策。

与行业专家或意见领袖合作，是提升产品可信度的有效途径。通过他们的推荐和认证，产品的权威性和吸引力大大增强。行业专家的专业视角和意见领袖的影响力，可以有效吸引更多消费者的关注和购买。这种合作模式在直播电商中尤为常见，成为引导用户决策的重要策略之一。

透明的产品来源和质量保证，是建立品牌信誉和消费者忠诚度的基础。向消费者传递诚信信息，不仅有助于增强品牌形象，也逐渐培养了消费者的忠诚度。通过直播，商家可以详细展示产品的生产过程和质量检测环节，增强消费者对产品的信任。这种透明度和忠诚度的获得是建立长期客户关系的关键，帮助品牌在竞争激烈的市场中脱颖而出。

（三）售后服务与退换货保障

在数字经济时代，直播电商作为一种创新的商业模式，售后服务与退换货保障成为影响用户决策的重要因素。售后服务的响应速度直接影响消费者的满意度，因此企业应当建立高效的客服系统，以确保在消费者提出问题时能够迅速响应并妥善处理。这不仅有助于提升消费者的购物体验，还能有效减少因售后问题导致的负面评价。高效的客服系统需要具备实时响应能力，能够快速解决消费者在购物过程中遇到的问题，从而增强消费者的信任感和忠诚度。

清晰的退换货政策是增强消费者购买信心的重要手段。企业应在销售页面明确列出退换货的条件和流程，以避免因信息不对称而引发的纠纷。清晰的政策说明能够帮助消费者在购买前做出更为明智的决策，并在需要退换货时减少麻烦。此外，明确的退换货政策也能降低企业因处理纠纷而产生的额外成本，提高运营效率。因此，企业在制定退换货政策时，应充分考虑消费者的需求和市场竞争环境，以确保政策的合理性和可操作性。

提供多样化的售后服务渠道是满足不同消费者需求的关键。通过在线客服、电话支持和社交媒体互动，企业能够为消费者提供更为便捷的服务选择。这种多渠道的售后服务模式不仅能提升用户体验，还能提高消费者对品牌的认可度。在多元化的服务渠道中，企业应确保各个渠道的服务质量一致，避免因服务不一致而导致的消费者不满。此外，企业还应积极利用社交媒体平台，及时回应消费者的反馈和建议，以建立良好的品牌形象。

建立完善的售后服务跟踪系统是优化服务质量的重要举措。通过收集消费者的反馈和评价，企业能够及时发现售后服务中存在的问题，并加以改进。这种持续优化的过程不仅能提高服务质量，还能提高品牌的忠诚度。完善的跟踪系统应包括对消费者反馈的分类、分析和处理机制，以确保每一个反馈都能得到有效的回应和解决。通过不断提升售后服务水平，企业能够在激烈的市场竞争中获得更多的消费者青睐。

售后服务的培训与认证机制是确保客服人员具备专业知识和服务技能的基础。企业应定期对客服人员进行专业培训，以提升其服务质量和消费者满意度。培训内容应包括产品知识、沟通技巧和问题解决能力等方面，以确保客服人员能够在各种情况下提供优质服务。此外，企业还应建立严格的认证机制，以确保客服人员具备必要的资格和能力。这种机制不仅有助于提高服务质量，还能增强消费者对企业的信任感和忠诚度。通过不断提升客服人员的专业水平，企业能够在直播电商的浪潮中立于不败之地。

三、用户转化与复购

（一）一键下单与支付流程优化

在直播电商的快速发展中，一键下单功能的引入极大地简化了用户的购物流程。通过减少烦琐的操作步骤，用户能够更快速地作出购买决策，显著提高了购买效率。这种优化不仅提升了用户体验，还增加了用户的购物频率。优化支付流程也是提升用户体验的关键。通过集成多种支付方式，如信用卡、移动支付和数字钱包等，平台能够满足不同消费者的支付习惯，从而吸引更多的用户群体。支付流程的优化不限于支付方式的多样化，还包括提供自动填充地址和信息的功能。这一功能的设置减少了用户在购买过程中需要输入的信息量，显著降低了用户因操作烦琐而放弃购物车的概率，从而提高了转化率。

为了确保用户交易的安全性，平台引入了一键支付安全验证机制。通过多层次的身份验证和加密技术，平台能够有效防范潜在的安全风险，增强消费者对平台的信任感。这种安全机制不仅保护了用户的个人信息和资金安全，也为平台赢得了良好的口碑和用户忠诚度。在支付流程的设计上，用户友好的界面同样至关重要。通过精心设计的视觉元素和简洁的操作流程，用户在支付过程中能够感受到流畅和便捷。这种设计不仅提升了视觉吸引力，也提高了用户的使用满意度，进一步促进了用户的转化和复购。

（二）会员体系与积分激励

会员体系通过提供独特的会员权益，如专属折扣和提前购买机会，能够显著增强用户的消费动机。这些专属权益不仅吸引用户进行首次购买，还有效提升了复购率。在数字经济时代，消费者的选择愈加多元化，会员体系通过差异化的服务和权益，能够在激烈的市场竞争中脱颖而出，确保用户的持续关注和消费。

积分激励机制通过多样化的方式提升用户的参与感和忠诚度。用户可以通过消费、参与活动等方式累计积分，这些积分不仅可以用于兑换商品或享受服务，还在一定程度上为用户提供了成就感和参与感。积分的累计和使用过程，实际上是用户与品牌之间互动的深化。在这个过程中，用户逐渐形成了对品牌的依赖和忠诚，这种忠诚度的提升对于品牌的长远发展至关重要。

会员等级制度是会员体系的重要组成部分，通过用户的消费金额或活跃度划分不同等级，并提供差异化的权益。这种制度设计不仅激励用户提升消费频率以获得更高等级的特权，还形成了一种良性的竞争氛围，促使用户不断提升自己的会员等级。等级制度的实施，使用户在享受购物乐趣的同时，也感受到品牌所带来的尊重和重视，从而进一步提高用户的品牌忠诚度。

定期的会员活动，如生日礼遇、限时特惠等，是增强用户归属感和品牌忠诚度的重要手段。这些活动不仅为用户提供了额外的购物乐趣，还通过情感连接密切了用户与品牌之间的关系。在直播电商环境中，这种情感连接尤为重要，因为它能够在无形中提升用户的满意度和忠诚度，进而促使用户在品牌的生态圈中长期停留。

数据分析在会员体系中发挥着重要作用。通过对用户消费行为的分析，品牌可以优化会员权益设计和积分兑换策略，实现更精准的用户营销。数据分析不仅能够帮助品牌了解用户的偏好和需求，还能够预测用户的消费趋势，从而制定更具针对性的营销策略。这种基于数据的精准营销，不仅提高了用户的满意度，也在激烈的市场竞争中为品牌赢得了更多的市场份额。

（三）用户生命周期价值管理

用户生命周期价值管理是现代电商企业提升客户价值和盈利能力的重要策略。它通过分析用户在不同生命周期阶段的行为特征，帮助企业制定精准的营销策略，以最大化客户价值。用户生命周期价值管理的定义强调了其在企业战略中的核心地位，它不仅是一个数据分析工具，更是维护企业与客户长期关系的基础。在数字经济时代，用户的需求和行为模式不断变化，因此，理解和管理用户生命周期价值对于保持企业竞争力至关重要。

通过深入的用户数据分析，企业能够识别出用户在生命周期中的不同阶段，从而制定相应的营销策略。例如，初次购买的用户可能需要更多的产品信息和促销激励，而老客户可能更关注产品的更新和服务质量。精准的用户特征识别使企业能够在合适的时间提供合适的产品和服务，提升用户的满意度和忠诚度。这种差异化的服务不仅提升了用户体验，也有效地促进了销售转化率和用户的复购率。

用户生命周期价值管理的关键指标包括客户获取成本、客户留存率和客户终身价值。这些指标为企业提供了评估营销效果的量化标准。通过分析这些指标，企业可以识别出哪些策略最有效，以及哪些领域需要改进。例如，较高的客户获取成本可能表明需要优化市场推广策略，而较低的客户留存率可能需要改进客户服务和产品质量。通过持续监控和调整这些指标，企业能够在竞争激烈的市场中保持灵活性和创新力。

实施个性化营销策略是用户生命周期价值管理的核心。根据用户在生命周期中的不同阶段，企业可以提供差异化的服务和产品推荐，从而提升用户满意度。例如，针对新用户，可以提供特别的欢迎优惠，而对忠诚用户可以通过会员计划和专属折扣来提高其对品牌的忠诚度。通过个性化的沟通和服务，企业不仅能提高用户的购买频率，还能增强品牌的影响力，提高市场地位。

第四章　数字经济时代的跨境电商创新模式

第一节　跨境电商的物流与支付创新

一、跨境物流模式

（一）海外仓与保税仓

海外仓与保税仓在跨境电商中扮演着至关重要的角色。海外仓是指在目标市场国家设立的仓库，而保税仓是设在出口国的特殊监管区域。这两种仓储模式旨在优化跨境电商的物流效率，提升用户体验。通过将商品提前存储在海外仓，电商企业能够显著缩短配送时间，提升消费者的满意度。保税仓为企业提供了一个灵活的库存管理平台，允许商品在未缴纳关税的情况下进行存储和简单加工。海外仓与保税仓的结合使用，为跨境电商企业提供了多样化的物流解决方案。

海外仓的主要功能在于提高物流效率和降低运输成本。通过在目标市场设立仓库，电商企业可以在订单生成后快速将商品配送给消费者，极大地缩短了交货时间。此外，海外仓能够帮助企业规避跨境运输中的复杂程序和高昂费用，从而降低整体运输成本。海外仓还可以根据市场需求进行灵活的库存调整，避免因市场波动导致的库存积压或短缺。这种高效的物流模式不仅提升了企业的竞争力，也增强了消费者的购物体验。

保税仓是一种特殊的仓储模式，其运作机制允许企业在未缴纳进口关税的情况下，将商品存放在保税区域。企业可以在保税仓内进行简单的加工、分拣和包装，从而提高商品的附加值。保税仓在跨境电商中的作用尤为显著，它为企业提供了一个缓冲区，使其能够更灵活地应对市场需求的变化。此外，保税仓还可以帮助企业降低库存成本，优化资金流动，提高整体运营效率。

海外仓和保税仓在库存管理中采取了不同的策略。海外仓通常采用“前置库存”的策略，将商品提前运至目标市场，以便快速响应消费者的订单需求。相较之下，保税仓则偏向于“集中库存”策略，利用其政策优势进行大规模的商品储备和管理。这两种策略结合使用，可以帮助企业在不同的市场环境中灵活调整库存水平，最大限度地提高供应链的效率和响应速度。

利用海外仓和保税仓优化客户体验的关键在于物流速度和成本控制。通过海外仓，企业能够大幅缩短商品的配送时间，提高消费者的满意度。同时，保税仓的运作机制允许企业在商品出关前进行灵活的库存调整和商品加工，降低了整体运营成本。两者的结合使用，使企业能够在提供快速配送服务的同时，保持价格的竞争力，从而提升客户的整体购物体验。

海外仓与保税仓对供应链管理的影响深远。海外仓的设立使企业能够在全球范围内实现快速响应和高效配送，而保税仓则提供了灵活的库存管理和成本控制手段。这两种仓储模式的创新使用，为供应链管理带来了新的可能性。企业可以通过数据分析和智能化管理系统，进一步优化仓储和配送流程，提高供应链的整体效率。未来，随着技术的不断进步，海外仓和保税仓将在跨境电商中发挥更大的创新潜力。

（二）国际快递与专线物流

国际快递与专线物流在跨境电商中扮演着至关重要的角色。随着全球贸易的日益增长，国际快递服务的时效性与可靠性成为跨境电商企业关注的核心。为了满足快速配送的需求，国际快递公司不断优化其运输网络和流程，通过先进的技术手段提高物流效率。这种高效的配送模式不仅缩短了商品的运输时间，还增强了消费者的购物体验，提升了电商企业的市场竞争力。

专线物流以其定制化的服务特点，能够为特定市场提供更有针对性的解决方案。这种模式通过设立专属的运输线路和服务标准，满足了不同国家和地区的市场需求。专线物流的灵活性和针对性使其在跨境电商中占据一席之地，尤其是在对时效性和服务质量要求较高的市场中，专线物流的优势更加明显。

在成本结构分析方面，国际快递与专线物流为电商企业提供了优化物流预算的机会。通过详细分析运输成本、关税、保险及其他相关费用，企业可以更好地控制物流成本，从而提高整体的利润率。合理的成本控制不仅有助于企业的可持续发展，也为消费者提供了更具竞争力的价格。

国际快递与专线物流在包裹追踪与信息透明度方面的创新，极大地提升了消费者的信任感。通过实时的包裹追踪系统，消费者可以随时了解商品的运输状态，增强了消费者的购物信心。此外，物流信息的及时更新也帮助电商企业及时调整运营策略，提高了供应链的响应速度。

货物安全保障措施是国际快递与专线物流不可或缺的一部分。通过严格的安全检查和高标准的运输管理，这些物流服务商确保货物在运输过程中的安全性，减少了损坏和丢失的风险。完善的安全保障体系不仅保障了跨境交易的顺利进行，也为电商企业和消费者提供了双重的安心保障。

（三）跨境集运与供应链协同

跨境集运与供应链协同在现代跨境电商中扮演着至关重要的角色。跨境集运的定义与重要性体现在其能够通过整合多个小包裹，降低单个包裹的运输成本。这种集运模式不仅节约了物流费用，还为小型电商企业提供了更具竞争力的价格优势。通过集运，电商企业可以将多个订单集中处理，从而减少国际运输的频次和成本，使跨境电商的物流更加高效和经济。

集运中心的运作机制在提高物流效率方面发挥着核心作用。通过高效的货物分拣与转运，集运中心能够快速处理大量订单，确保货物以最快速度到达消费者手中。先进的分拣技术和自动化设备的应用，使集运中心能够在短时间内完成大量包裹的处理，极大地提升了物流的效率。同时，集运中心还通过优化路线和运输方式，进一步缩短了配送时间。

跨境集运对供应链透明度的提升也不容忽视。通过信息共享，各环节能够实现更好的协同效应，从而提高整体供应链的效率。信息技术的应用使供应链的各参与方能够实时掌握货物的状态和位置，减少了信息不对称带来的不确定性。这种透明度不仅提高了供应链的反应速度，还增强了各方的合作关系，促进了整体物流效率的提升。

集运服务对客户体验的影响同样值得关注。通过优化配送时效与降低物流费用，集运服务能够显著提升消费者的满意度。快捷的配送和合理的价格是消费者选择跨境购物的重要因素，而集运服务在这两方面的优化，使消费者能够享受到更优质的购物体验。优质的购物体验不仅有助于提高消费者的忠诚度，还能为电商企业带来更多的市场机会。

跨境集运与国际物流网络的协同发展是提升整体物流效率的重要途径。通过合作与资源共享，跨境集运与国际物流网络可以形成更为紧密的合作关系，共同应对全球化带来的挑战。国际物流网络的完善和集运服务的优化，使跨境电商能够在全球市场中更具竞争力，推动了国际贸易的发展。

二、跨境支付体系

（一）第三方支付与银行结算

第三方支付与银行结算在跨境电商中扮演着至关重要的角色。第三方支付平台的多样性与灵活性能够支持不同的支付方式，以满足跨境电商的多样化需求。通过这些平台，消费者可以选择最适合自己的支付方式，这不仅提高了支付的便捷性，也增强了用户的支付体验。银行结算在跨境交易中承担了确保资金安全与及时到账的责任。银行结算系统通过严格的合规措施和先进的技术手段，保障了跨境交易的安全性，减少了交易过程中的不确定性，为跨境电商的发展提供了坚实的基础。

第三方支付平台的多样性还体现在其灵活的服务模式上。平台能够支持多种货币的交易，并提供实时的汇率转换服务。这种灵活性不仅满足了消费者的个性化需求，也帮助企业在不同市场间灵活运作，降低了跨境交易的复杂性。此外，第三方支付平台通过不断创新和技术升级，推出了多种支付工具，如移动支付和电子钱包等，进一步提升了跨境电商的支付效率和用户体验。

银行结算在跨境交易中的角色同样不可或缺。银行通过提供安全的结算渠道和高效的资金清算服务，确保了跨境交易的顺利进行。银行结算的优势在于其资金的安全性和结算的及时性，这对于跨境电商的资金流动至关重要。通过银行的结算服务，企业可以有效地管理现金流，降低资金滞留风险，确保业务的稳定运营。

第三方支付的风险管理机制是保障交易安全的重要环节。通过先进的技术手段，如大数据分析和人工智能，第三方支付平台能够实时监控交易行为，识别潜在的欺诈风险，并及时采取应对措施。这种技术驱动的风险管理机制不仅提高了交易的安全性，也提高了用户的信任度，为跨境电商的健康发展提供了保障。

跨境支付的汇率转换与费用透明度直接影响消费者的购买决策与企业的成本控制。透明的费用结构和实时的汇率信息使消费者能够更清晰地了解支付成本，从而作出更明智的购买决策。对于企业而言，合理的汇率转换机制和透明的费用结构有助于降低支付成本，提高利润率，增强市场竞争力。

（二）外汇管理与汇率风险

外汇管理政策的制定与实施对跨境电商交易产生深远影响。政策的有效性决定了企业在国际市场的竞争力和生存能力。通过合理的政策引导，政府可以帮助企业降低交易成本，提高跨境交易的效率。对于跨境电商企业而言，了解并遵循外汇管理政策，不仅能规避法律风险，还能促进业务的稳定发展。企业应积极与政策制定者沟通，确保政策的制定符合市场需求，并能有效地支持企业的全球扩展。

汇率风险的识别与评估是跨境电商企业进行国际业务时不可或缺的步骤。企业需要采用科学的方法对汇率波动进行预测和评估，以制定有效的风险管理策略。利用金融衍生工具，如期权和远期合约，可以帮助企业锁定汇率，降低汇率波动带来的不确定性。跨境电商企业可以通过技术手段，如大数据分析和人工智能，来实时监测汇率变化，提高风险管理的精准度。通过这些工具与技术，企业能够在复杂多变的国际市场中保持稳健的财务状况。

外汇交易的流动性直接影响跨境电商企业的资金周转与财务规划。流动性高的市场能够提供更好的交易条件，降低交易成本，提升资金使用效率。企业需要密切关注外汇市场的流动性变化，选择合适的交易时机，以优化资金配置。此外，企业应制订灵活的财务计划，以应对外汇市场的不确定性，确保资金链的稳定。通过合理的流动性管理，跨境电商企业可以提高财务运作的效率，增强市场竞争力。

外汇对支付结算时间的影响是跨境电商企业需要重点关注的问题。汇率波动可能导致结算时间的不确定性，从而影响企业的资金使用效率。跨境电商企业应优化结算流程，缩短结算周期，减少汇率波动带来的影响。通过与银行和支付机构的合作，企业可以实现快速结算，提高资金流动性。此外，企业可采用多币种账户管理，灵活应对不同市场的需求，确保资金的高效运作。

外汇风险对定价策略的影响不容忽视。跨境电商企业需要制定灵活的定价策略，以更好地应对汇率波动带来的挑战。企业可以采用动态定价策略，根据市场变化实时调整产品价格，保持竞争力。此外，企业还可以通过汇率对冲策略，锁定未来的汇率水平，稳定产品成本。通过这些措施，企业能够在汇率波动的环境中保持盈利能力，增强市场适应性。

（三）跨境支付合规与安全

跨境支付的合规与安全是跨境电商发展的基石。随着全球电子商务的迅猛发展，支付安全和合规问题成为各国政府和企业关注的焦点。跨境支付的合规性不仅涉及企业自身的合法经营，还关系国际金融体系的稳定。因此，跨境电商企业必须在支付体系中严格遵循国际和地区的法律法规，以确保交易的合法性和安全性。合规问题不仅是法律问题，还涉及企业的信誉和消费者的信任，是跨境电商可持续发展的重要保障。

跨境支付的法律框架主要围绕反洗钱和反恐融资规定展开。各国政府为防范金融犯罪，制定了严格的法律法规，要求电商企业在跨境交易中进行充分的客户身份识别和交易监控。这些规定不仅是法律义务，也是企业履行社会责任的重要体现。通过遵循这些法律框架，电商企业能够有效防范洗钱和恐怖融资活动，保障国际交易的合法性和安全性。同时，遵守这些规定也有助于企业在全球市场中树立良好的品牌形象，增强市场竞争力。

在跨境支付中，数据保护与隐私合规是企业必须面对的重大挑战。随着《通用数据保护条例》等国际标准的出台，电商企业需要在数据收集、存储和使用过程中，严格遵循相关规定，保障消费者的信息安全与隐私权。合规不仅涉及技术层面的安全措施，还包括企业内部的管理制度和员工培训。通过建立健全数据保护机制，企业能够有效提升消费者的信任度，减少因数据泄露而导致的法律风险和经济损失。

跨境支付平台的合规审核流程是确保交易合法合规的关键环节。平台需要建立严格的审核机制，对每笔交易进行详细的合规检查，以确保符合所在国及目的国的法律法规。这不仅包括对交易金额和交易对象的审核，还涉及对交易目的和资金来源的核查。通过完善的合规审核流程，平台能够有效降低合规风险，防范潜在的法律责任。此外，合规审核流程的透明度和公正性也有助于提升平台的信誉和用户信任。

在跨境支付中，身份验证机制是确保交易安全的重要手段。通过多重身份验证，企业可以有效提升交易的安全性，减少欺诈行为。多重身份验证通常包括密码、短信验证码、生物识别等方式，能够在不同层面对用户身份进行确认。这种机制不仅增加了交易的复杂性，也显著提高了安全性，降低了因身份盗用而导致的风险。企业在设计身份验证机制时，需要在用户体验和安全性之间找到平衡，以在确保用户便捷的同时保障交易安全。

合规是跨境电商企业在国际市场中面临的重要挑战之一。在满足合规要求的同时，企业需要投入大量的人力和财力资源，这增加了运营成本。然而，合规不仅是企业的法律责任，也是一种投资，可以带来长期的经济效益。企业需要通过精细化管理和技术创新，优化合规流程，降低合规成本。在合规要求与运营成本之间找到平衡，是企业实现可持续发展的关键。只有在合规的基础上，企业才能在激烈的国际竞争中立于不败之地。

三、物流与支付的技术赋能

（一）区块链与物流追踪

区块链技术在现代物流追踪中的应用展现了显著的潜力。通过去中心化的方式，区块链能够提升物流过程的透明度和可追溯性。这种技术的核心在于其不可篡改的性质，使每笔交易和每个物流环节都可以被记录和验证，从而减少信息的不对称性。尤其是在跨境电商的背景下，区块链的应用使不同国家和地区的物流信息可以被无缝整合，极大地增强了各方对物流状态的实时掌控能力。这种透明化的优势不仅提升了物流的效率，还在一定程度上减少了因信息不对称而产生的纠纷。

智能合约是区块链技术的另一个重要应用，它在物流流程的自动化中发挥了关键作用。通过预先设定的条件，智能合约能够在不需要人为干预的情况下自动执行物流操作。这种自动化流程减少了人为错误的可能，并提高了整体操作效率。在跨境电商中，智能合约的应用可以简化烦琐的国际物流流程，减少不必要的中介环节，从而降低物流成本。这种高效的操作模式不仅节省了时间和成本，还为企业在全球市场的竞争中提供了显著的优势。

区块链技术在货物追踪中的实时数据更新能力是其在物流领域的又一大优势。通过分布式账本技术，各方可以实时获取货物的状态信息，从而实现对物流过程的全程监控。这种实时性不仅提高了物流的可控性，还使企业能够更快速地响应市场变化和客户需求。此外，实时更新的信息流也为供应链的优化提供了重要的数据支持，使物流管理更加科学和高效。

区块链技术对物流成本的潜在影响同样值得关注。通过减少中介费用和提升交易效率，区块链能够显著降低物流成本。在传统的跨境物流中，涉及的中介环节较多，费用较高。而区块链的去中心化特性减少了对中介的依赖，降低了相关费用。此外，区块链的高效性也使交易过程更加快捷和安全，从而进一步提升了物流的整体效率。

在跨境电商中，区块链技术通过构建信任机制，增强了消费者和商家的信任感。由于区块链记录的不可篡改性，消费者和商家可以更加信任交易的真实性和安全性。这种信任机制的建立不仅有助于减少交易纠纷，还提高了消费者的购物体验和商家的信誉度。对于跨境电商平台而言，这种信任的提升是其在激烈市场竞争中脱颖而出的重要因素。

（二）AI 与支付风控

随着电子商务的迅速发展，支付安全性成为企业和消费者共同关注的焦点。AI 技术在支付风控中的应用，特别是机器学习算法的引入，使识别和预测潜在的欺诈行为变得更加高效。机器学习算法可以分析海量交易数据，从中识别出异常模式，帮助企业及时发现并阻止欺诈行为的发生。这种技术不仅提高了支付的安全性，也为企业节省了大量的时间和资源，使支付流程更加顺畅。

自然语言处理技术在支付风控中的应用同样不可忽视。通过分析用户的交易行为，AI 可以识别出潜在的风险交易，并在交易发生前给予预警。这种分析能力不仅提高了支付的安全性，还改善了用户体验。用户在进行跨境交易时，能够感受到更加安全和便捷的支付流程，从而增强了对电商平台的信任。这种技术的应用不限于风险识别，还可以通过分析用户的反馈和评论，进一步优化支付系统的用户界面和交互体验。

AI 驱动的实时监控系统是支付风控的另一个重要创新。通过实时监控交易数据，系统可以即时进行风险评估与响应。这种即时性使企业能够在最短的时间内采取措施阻止潜在的欺诈行为，从而大大降低风险发生的概率。实时监控系统还可以根据不断变化的市场环境和用户行为进行自我调整，确保支付安全性始终处于最佳状态。实时监控系统不仅提高了企业的风控能力，也增强了用户对平台的信任。

数据挖掘技术在优化支付流程中发挥着重要作用。通过对大量交易数据的分析，AI 可以识别出支付流程中的风险点，并提出改进建议。这种优化不仅减少了交易中的风险，还提高了支付流程的效率。优化后的支付流程能够更好地满足用户的需求，提升整体的支付体验。数据挖掘技术的应用使企业能够在激烈的市场竞争中保持优势，为用户提供更加安全和便捷的支付服务。

AI 在用户身份验证中的创新应用为支付安全性提供了新的保障。通过生物识别和行为分析技术，AI可以更准确地验证用户身份，防止身份盗用和欺诈行为的发生。生物识别技术的运用，如指纹识别和面部识别，能够快速而准确地验证用户身份，而行为分析技术通过分析用户的操作习惯和行为模式，进一步提高了身份验证的准确性。这些技术的应用不仅提高了支付的安全性，还简化了用户的验证流程，提升了用户的支付体验。

（三）物联网与智能仓储

物联网与智能仓储的结合为跨境电商提供了全新的运营模式。物联网技术在智能仓储中的应用，通过实时数据采集与监控，极大地优化了库存管理与货物追踪。借助物联网设备，仓储管理者可以实时了解库存状态，及时调整库存策略，避免因库存不足或积压导致的运营风险。物联网的实时监控功能还使货物追踪更加精确，确保每一件商品在物流链上的位置都清晰可见，从而提高了供应链的透明度与可靠性。

近年来智能仓储系统的自动化程度得到了显著提升，机器人技术的应用尤为关键。通过引入自动化设备，仓库的货物存取效率得到了显著提高，大幅降低了人力成本。机器人可以执行重复性高、劳动强度大的工作，减少人为错误。此外，智能仓储系统能够根据订单需求自动调整货物的存取路径，进一步提高了仓储作业的效率。这种高度自动化的运作模式，使仓储管理更加高效和精准。

物联网设备在仓储环境中的互联互通是实现智能仓储的关键。通过设备之间的数据共享与协同工作，仓储整体运作效率得到了显著提升。各种传感器和设备通过物联网协议互相连接，形成一个智能化的仓储网络。这样的网络不仅能够实现对仓储环境的实时监控和调整，还能通过数据的智能分析，优化仓储流程，减少资源浪费。这种协同工作的模式，使仓储管理更加智能化和系统化。

基于物联网的智能分析系统，通过大数据分析预测需求变化，显著优化了库存水平与补货策略。通过对历史数据的分析，智能分析系统能够预测未来的市场需求变化，帮助企业提前做好库存准备，避免因市场变化而导致的库存不足或过剩。这样的预测能力，能够使企业在快速变化的市场环境中更加从容地应对各种挑战，保持竞争优势。

智能仓储的可视化管理平台，通过图形化界面提升了仓库管理的透明度与决策效率。可视化管理平台将复杂的仓储数据转化为直观的图形和报表，帮助管理者快速了解仓储状况，作出更为精准的决策。通过这种可视化的方式，仓储管理者能够更好地掌握仓储运作情况，及时调整策略，优化仓储资源的利用。

这种透明化的管理方式，不仅提高了仓储管理的效率，还增强了企业对市场变化的应对能力。

第二节　跨境电商的本土化运营策略

一、市场选择与定位

（一）区域市场分析与细分

区域市场分析与细分是跨境电商企业进入国际市场的关键步骤。通过详细的市场调研，企业能够识别出目标市场的规模、增长潜力以及消费者的购买力。这一过程不仅涉及对宏观经济指标的分析，还包括对人口结构、收入水平和城市化进程等微观因素的考察。通过细分市场，企业可以针对不同的消费群体制定精准的营销策略，从而提高进入市场的成功率。市场细分的准确性直接影响产品定位和品牌传播的有效性，因此对于跨境电商企业来说，这是制定本土化运营策略的基础。

区域市场的消费习惯与偏好分析是制定产品和服务策略的重要依据。不同的市场由于文化背景、经济发展水平和社会环境的不同，消费者的购买习惯和偏好也存在显著差异。通过分析消费者的购物频率、品牌忠诚度以及对价格的敏感性，企业可以调整产品的种类、定价策略以及促销方式。此外，了解目标市场的生活方式和文化传统，有助于企业在产品设计和广告传播中融入当地文化元素，从而增强品牌的亲和力和市场竞争力。这样的分析能够帮助跨境电商企业更好地满足消费者的需求，提高市场占有率。

在区域市场的竞争态势评估中，分析主要竞争对手及其市场策略是不可或缺的一环。跨境电商企业只有了解了竞争对手的市场份额、产品线、价格策略以及营销手段，才能在激烈的市场竞争中找到自己的优势和机会。通过对竞争对手的深入研究，企业可以识别出市场的空白点和潜在的增长点，从而制定出差异化的市场进入策略。此外，持续监测竞争对手的动态，有助于企业及时调整自身的战略，以保持在不断变化的市场中的竞争优势。

了解区域市场的法律法规环境是跨境电商企业合规运营的前提。不同国家或地区对跨境电商的政策支持与限制各不相同，企业需要全面掌握相关的法律法规，包括税收政策、进出口限制、消费者权益保护法等。这不仅有助于规避法律风险，还能帮助企业充分利用政策优惠和支持措施，降低运营成本，提高市场竞争力。了解法律法规的变化趋势，也有助于企业在政策调整时及时采取应对措施，确保业务的连续性和稳定性。

区域市场的支付习惯与物流需求研究是提升消费者购物体验的关键。不同市场对支付方式的偏好，如信用卡、电子钱包或货到付款等，以及对物流时效的要求，直接影响消费者的购买决策。跨境电商企业需要根据市场的支付习惯，提供多样化的支付选项，并与当地的物流服务商合作，优化配送网络，以提高物流效率和服务质量。这样的本土化策略不仅能提升客户满意度，还能增强品牌的市场竞争力。

区域市场的文化差异与本土化策略是跨境电商企业成功进入国际市场的关键因素。文化差异体现在语言、习俗、价值观等方面，企业需要根据这些差异调整营销和产品策略。例如，在广告宣传中使用当地语言和文化符号，能够增加品牌的亲和力和认同感。在产品设计上融入当地文化元素，也能增强消费者的购买意愿。通过实施有效的本土化策略，跨境电商企业能够更好地适应当地市场环境，提高品牌的市场影响力和客户忠诚度。

（二）文化差异与消费习惯

文化差异与消费习惯在跨境电商的本土化运营中扮演着至关重要的角色。不同国家和地区的文化背景影响着消费者的购买行为和偏好，电商企业需要深入了解这些差异，以更好地满足目标市场的需求。文化差异不仅体现在语言和风俗习惯上，还包括消费者的价值观和生活方式。电商企业应通过市场调研和消费者分析，识别出文化差异带来的机遇和挑战，制定相应的市场策略，以提升市场竞争力和品牌影响力。

文化差异对产品包装设计的影响也是电商企业需要关注的一个方面。不同市场的审美观念和文化符号各异，企业在设计产品包装时应考虑这些因素，以便更好地吸引当地消费者的注意力。例如，在一些国家，颜色和图案可能具有特殊的文化意义，企业需要根据这些文化符号调整包装策略，以避免文化误解或冒犯消费者的情感。通过对文化差异的深刻理解，企业可以设计出更符合当地市场审美的产品包装，从而提升产品的市场接受度。

消费习惯对购物渠道选择的影响同样显著。在不同文化背景下，消费者对线上和线下购物的偏好存在差异。有些市场的消费者更倾向于线上购物，因为他们注重便捷性和多样性，而另一些市场的消费者可能更信赖实体店购物，因其能够提供直接的产品体验和售后服务。电商企业需要根据不同市场的消费习惯，优化其购物渠道策略，以便更好地满足消费者的购物需求，并提升客户满意度和忠诚度。

节日和庆典对消费行为的影响不容忽视。各个地区的特定节日往往会带来消费高峰，消费者在这些时期的购买决策和消费模式可能会发生显著变化。电商企业应充分利用这些时机，制定有针对性的促销活动和营销策略，以刺激消费需求并提升销售额。通过对节日和庆典的深入研究，企业可以更好地把握市场脉搏，增强市场竞争力。

语言和沟通方式对营销策略的影响也是电商企业需要重视的方面。目标市场的语言习惯直接影响广告内容和沟通方式的设计。企业需要根据不同市场的语言特点，调整其营销信息的表达方式，以确保信息传递的准确性和有效性。通过采用本地化的语言和沟通策略，企业可以更好地与消费者建立情感联系，提升品牌形象和市场认可度。

社会价值观对品牌忠诚度的影响在不同文化背景下也有所不同。消费者的品牌认同和忠诚度受到其社会价值观的影响，电商企业需要了解这些差异，以更好地进行品牌定位和市场推广。通过对目标市场社会价值观的深入分析，企业可以制定出更具吸引力的品牌策略，提高消费者的品牌忠诚度，并在激烈的市场竞争中占据有利地位。

（三）竞争环境与进入壁垒

跨境电商市场的竞争环境复杂多变，各国市场有着不同的参与者和竞争格局。主要参与者通常包括市场领导者和新兴品牌，前者往往拥有更高的市场份额和成熟的运营模式，后者通过创新和差异化策略来争夺市场份额。市场领导者通常利用其规模优势和品牌影响力来巩固市场地位，而新兴品牌需要在产品创新、定价策略和市场营销等方面寻找突破口，以便在激烈的市场竞争中站稳脚跟。

跨境电商平台的技术壁垒是影响新进入者的重要因素之一。强大的平台技术能力不仅能够提升用户体验，还可以提高交易安全性和数据处理效率，从而提高消费者的信任度。新进入者在进入市场时，必须面对已有平台的技术优势，这对其技术开发能力提出了更高的要求。此外，技术壁垒还包括对大数据的运用能力、网站的流畅性以及支付系统的安全性，这些因素都对新进入者构成了潜在的限制和挑战。

消费者信任度的建立与维护是降低进入壁垒的关键因素之一。品牌形象和客户服务是提升消费者信任度的两个重要方面。通过塑造良好的品牌形象，企业可以在消费者心中建立可靠和可信的形象，从而吸引更多的消费者。优质的客户服务能够增强消费者的满意度和忠诚度，进而提高品牌的市场竞争力。新进入者需要制定有效的品牌战略和客户服务政策，以便在消费者中树立良好的形象，降低市场进入壁垒。

物流基础设施的完善程度直接影响跨境电商企业进入市场的难易程度。高效的物流体系能够缩短配送时间、降低运输成本，从而提升消费者的购物体验。企业在选择进入市场时，必须评估目标市场的物流基础设施状况，并根据需要进行必要的投资，以确保产品能够及时送达消费者手中。对于新进入者而言，建立与当地物流服务提供商的合作关系是进入市场的重要策略之一，这不仅能够提高物流效率，还可以增强企业在当地市场的竞争力。

二、产品与服务本土化

（一）产品定制与本地化设计

产品定制与本地化设计在跨境电商中扮演着至关重要的角色。随着全球市场的不断扩展，企业需要在产品设计上更加贴近当地消费者的需求。市场调研是产品定制的基础，通过深入的消费者反馈与需求分析，企业能够更好地理解目标市场的偏好与期望。市场调研不仅能帮助企业识别市场空白，还能指导产品的本地化设计，使其更符合当地消费者的审美与使用习惯。通过科学的调研方法，企业能够有效降低进入新市场的风险，提高产品的市场接受度。

在本地化设计中融入文化元素，是跨境电商企业提升品牌竞争力的重要策略。文化元素的融入不仅是简单的符号转换，更是对当地文化的深刻理解与尊重。企业可以通过将当地文化特色与品牌形象结合，创造出具有独特吸引力的产品。这样的设计能够增强消费者的认同感与忠诚度，也能提升品牌在当地市场的美誉度。文化元素的融入需要对当地历史、艺术及生活方式有深入的研究，以确保设计的精准与贴切。

产品功能与使用场景的适应性调整是提升产品竞争力的关键。不同市场的消费者在产品使用上有着不同的需求与习惯，因此企业需要根据实际需求优化产品设计。适应性调整不仅体现在产品的功能上，还包括产品在特定使用场景中的表现。通过对使用场景的深入分析，企业可以识别出产品在不同市场中的优势与不足，从而进行有针对性的改进。这种调整不仅提升了产品的实用性，也增加了消费者的满意度。

包装设计的本土化策略是增强产品吸引力的重要手段。语言、色彩与图案是包装设计中的重要元素，通过对这些元素的本土化调整，企业可以更有效地吸引消费者的注意力。语言的本土化不仅体现在文字翻译上，更需要考虑当地的文化习惯与表达方式。色彩与图案的设计需要结合当地的审美趋势与文化符号，以提升产品的视觉吸引力。通过使用精心设计的包装，企业能够在激烈的市场竞争中脱颖而出。

售后服务的本土化实施是提升消费者满意度的重要环节。跨境电商企业需要根据当地消费者的期望与习惯调整服务流程，以提供更符合消费者需求的服务体验。售后服务的本土化不仅包括服务语言的调整，还涉及服务方式与响应速度的优化。通过了解当地消费者的服务期望，企业可以制定出更具针对性的服务策略，从而提升消费者的忠诚度与品牌口碑。有效的售后服务能够为企业赢得更多的市场份额与消费者信任。

（二）多语言与多币种支持

在全球化的背景下，跨境电商企业面临的一个重要挑战是如何实现多语言与多币种的支持，以适应不同市场的需求。多语言支持的技术实现是关键所在，通常需要结合自动翻译工具与人工翻译来确保产品信息的精准传达。自动翻译工具可以快速处理大量文本，提高效率，但在细节和语义准确性上可能有所欠缺，因此人工翻译的介入是必要的，尤其是在文化差异显著的市场中。通过这种技术结合，企业能够更好地传达产品价值，以满足消费者的语言偏好。

构建多币种支付系统是跨境电商运营中另一项重要任务。通过集成第三方支付平台，企业可以实现多种货币的无缝转换与结算，降低交易成本并提高支付效率。这不仅简化了消费者的支付流程，还能增强用户的购物体验。为了确保系统的稳定性和安全性，企业需选择信誉良好的支付平台，并持续对支付系统进行优化和升级，以应对不断变化的市场环境和技术挑战。

多语言用户界面的设计原则在于确保用户在不同语言环境中获得一致的购物体验与易用性。用户界面设计不仅需要考虑语言的切换，还需要关注文化习惯和用户行为的差异。通过研究目标市场的用户偏好，企业可以设计出更具吸引力和实用性的界面，从而提升用户的满意度和忠诚度。界面的设计应简洁明了，易于导航，并支持个性化设置，以适应不同用户的需求。

在制定多币种定价策略时，企业需考虑汇率波动与市场需求，以优化产品在不同地区的价格表现。合理的定价策略不仅能增强产品的市场竞争力，还能提高企业的利润率。企业应定期监测汇率变化，并根据市场反馈及时调整价格策略。此外，企业还可以通过市场调研和消费者分析，了解不同地区的购买力和消费习惯，制订更具针对性的价格方案。

（三）售后服务与本地团队

售后服务与本地团队在跨境电商的本土化运营中扮演着至关重要的角色。为确保企业能够在不同的市场中有效运营，组建和培训本地售后服务团队尤为重要。这些团队成员需要深入了解当地市场需求和消费者习惯，以便提供更具针对性的服务。这不仅要求团队具备专业的售后服务技能，还需要他们对当地文化有深刻的理解，从而在服务过程中能够灵活应对各种情况，提升客户满意度和品牌忠诚度。

建立多渠道的客户服务体系是跨境电商企业提升售后服务质量的有效策略。通过整合电话、在线聊天和社交媒体等沟通渠道，企业能够确保消费者在不同平台上获得及时的售后支持。这种多渠道的服务体系不仅提高了客户问题解决的效率，还增强了消费者与品牌之间的互动和信任感。随着数字化技术的不断进步，企业还可以利用自动化工具和人工智能技术进一步优化客户服务流程，提高服务的响应速度和准确性。

售后服务流程的本土化设计是提升客户满意度的关键因素之一。在设计售后服务流程时，企业需要充分考虑当地文化和消费习惯，以便为消费者提供更贴心的服务体验。例如，在一些文化中，面对面的沟通可能比电话或在线聊天更受欢迎，因此企业可以在这些地区设立本地服务中心，提供面对面的售后支持。这种贴合当地文化的服务设计不仅能提升客户满意度，还能增强品牌在当地市场的竞争力。

通过本地团队进行产品反馈的收集，是企业及时调整产品和服务策略的重要途径。由于本地团队对市场变化和消费者需求有更敏锐的感知，他们能够快速识别出产品或服务中存在的问题，并将这些信息反馈给企业总部。企业可以根据这些反馈，及时调整产品设计或服务流程，以更好地满足消费者不断变化的需求。这种快速反应能力不仅提升了企业的市场适应性，也增强了品牌的市场竞争力。

建立本地服务中心是提高售后服务效率的重要措施。通过在目标市场设立本地服务中心，企业能够大幅缩短响应时间，提高售后服务的效率和客户体验。这种本地化的服务模式不仅提升了消费者的满意度，还增强了品牌的竞争力。此外，本地服务中心还可以作为企业与消费者之间的沟通桥梁，帮助企业更好地了解当地市场需求，制定更符合市场实际的产品和服务策略。

三、品牌与营销本土化

（一）本土 KOL 与社交媒体

在数字经济时代，跨境电商的成功很大程度上依赖于品牌与营销的本土化策略，本土 KOL 与社交媒体的结合则成为其中的关键要素。KOL 在目标市场中拥有广泛的影响力。他们通过个人魅力和专业知识，能够有效地将品牌信息传递给目标消费者，增强消费者对品牌的认同感。在品牌传播过程中，本土 KOL 的推荐具有独特的说服力，能够显著提升品牌的知名度和美誉度。因此，选择合适的 KOL 并与之合作，成为跨境电商品牌进入新市场时的重要策略。

社交媒体平台的选择与策略同样至关重要。不同的社交媒体平台在各个市场中的受欢迎程度和用户群体有所不同，企业需要深入分析目标市场中各平台的特点和用户行为，以制定相应的社交媒体策略。例如，某些平台可能更适合短视频内容，而另一些平台则更适合图文并茂的宣传。通过对平台的精准选择和策略的灵活调整，品牌能够更有效地触达目标消费者，提高营销活动的效率和效果。

KOL 与品牌的合作形式多种多样，包括付费推广、产品试用和内容共创等。不同的合作形式能够带来不同的营销效果。例如，通过付费推广，品牌可以迅速提高曝光率，而通过内容共创，品牌与 KOL 可以共同打造具有吸引力的内容，从而更好地吸引消费者的关注。这种多样化的合作形式不仅能够提升品牌的市场影响力，还能帮助品牌在竞争激烈的市场中脱颖而出。

为了优化未来的营销策略，利用数据分析评估 KOL 营销活动的效果是必不可少的。通过追踪消费者的互动和购买转化率，企业能够更好地了解 KOL 营销活动的实际效果，并据此调整策略。数据分析不仅可以帮助企业识别最有效的营销手段，还可以揭示消费者的偏好和行为模式，从而为品牌的长期发展提供宝贵的洞察。

本土 KOL 在消费者教育中的角色也不容忽视。他们通过分享使用经验和产品知识，能够有效地提升消费者的购买信心。在信息过载的时代，消费者往往依赖于 KOL 的推荐来作出购买决策。因此，品牌可以通过与 KOL 合作，借助他们的影响力和专业知识，来教育消费者，提升品牌的可信度和忠诚度。这种消费者教育不仅能促进短期销售，还能为品牌的长期发展奠定坚实的基础。

（二）本地化内容与活动策划

在全球化竞争日益激烈的背景下，本地化内容与活动策划成为跨境电商品牌成功的关键策略之一。针对目标市场的文化和语言特点，制定适合的营销文案和广告内容至关重要。通过深入研究目标市场的文化习俗和语言习惯，可以创建更具共鸣的内容，吸引当地消费者的注意力。例如，在撰写营销文案时，应该避免使用可能引发文化误解的词汇和表达方式，确保内容不仅语言通顺，还能传达品牌的核心价值。此外，广告内容应突出品牌与当地文化的契合点，以增强消费者的信任感和认同感。

结合地方节日和重要事件进行营销活动策划，是提升品牌曝光率和消费者参与度的有效手段。每个市场都有其独特的节日和文化活动，通过参与和赞助这些活动，品牌可以增强其在当地市场的存在感。例如，在中国市场，利用春节、中秋节等传统节日进行特别促销活动，不仅能吸引大量消费者，还能在激烈的市场竞争中脱颖而出。通过与当地消费者共同庆祝这些节日，品牌能够更深入地融入当地文化，提升品牌的亲和力和认可度。

社交媒体平台内容的本地化调整也是品牌与营销本土化的重要一环。不同的社交媒体平台拥有不同的用户特性和互动方式，因此，品牌需要根据平台的特点优化发布内容。例如，在年轻用户集中的平台，品牌可以采用更具互动性和娱乐性的内容形式，如短视频和直播，以吸引用户的关注和参与。同时，品牌还应关注用户的反馈和评论，及时调整内容策略，以保持与用户的良好互动和沟通。

举办本地化的线下活动与体验是增强品牌认同感与忠诚度的有效方式。通过与消费者的直接互动，品牌能够更真实地传达其价值观和产品理念，从而建立更深层次的情感连接。线下活动可以是产品体验会、品牌故事分享会等形式，通过这些活动，品牌能够直接获取消费者的反馈和建议，进一步优化产品和服务。此外，这些活动还提供了一个平台，促进消费者之间的交流和互动，增强品牌社区的凝聚力。

利用UGC进行本地化营销，是提升品牌可信度与影响力的创新策略。通过鼓励消费者分享他们的使用体验，品牌能够获得更真实和多元化的品牌推广内容。用户生成内容不仅能丰富品牌的内容库，还能通过消费者的真实声音提升品牌的可信度。品牌可以通过举办UGC比赛或提供奖励激励消费者参与内容创作，从而增加品牌的曝光率和影响力。在数字经济时代，UGC已成为品牌与消费者之间互动的重要桥梁，帮助品牌在竞争激烈的市场中形成独特的竞争优势。

（三）品牌信任与口碑传播

品牌信任与口碑传播在跨境电商的本土化运营中扮演着至关重要的角色。品牌信任是消费者选择商品和服务的基础，尤其是在跨境电商中，消费者对品牌的信任直接影响其购买决策。通过透明的品牌信息和真实的用户评价，企业可以有效地增强消费者对品牌的信任感。透明的品牌信息包括清晰的产品描述、明确的退换货政策以及详细的公司背景介绍，这些都能帮助消费者更好地了解品牌，进而建立信任。同时，真实的用户评价为潜在消费者提供了其他用户的实际使用反馈，进一步提高了品牌的可信度。

口碑传播的策略是跨境电商企业在本土化过程中不可或缺的一部分。利用社交媒体和在线评论平台，企业可以鼓励满意的客户分享他们的购物体验，从而形成正面的口碑效应。社交媒体的广泛使用使信息传播速度极快，正面的口碑不仅能吸引新客户，还能提高现有客户的忠诚度。此外，企业可以通过奖励机制鼓励用户在社交平台上分享购物体验，如提供优惠券或积分，进一步促进口碑传播的广度和深度。

品牌形象与消费者认同之间的关系是促进口碑传播的关键因素之一。通过一致的品牌传播和优质的产品体验，企业可以提升消费者对品牌的认同感。品牌传播的一致性体现在品牌视觉形象、品牌语言和品牌价值观的统一性上，这种一致性能够帮助消费者形成对品牌的清晰认知。而优质的产品体验则是消费者认同品牌的基础，消费者对产品满意时，更愿意分享积极的使用体验，从而促进口碑传播。

危机管理与品牌信任之间的联系在跨境电商中尤为重要。在负面事件发生时，及时有效的危机公关措施能够使消费者恢复对品牌的信任，维护品牌声誉。企业应制定详细的危机管理策略，包括快速响应机制和透明的信息发布，以便在危机发生时迅速采取行动，减少对品牌信任的负面影响。通过公开道歉、补偿措施和后续改进计划，企业可以有效地恢复消费者的信任。

UGC 的影响在跨境电商的品牌推广中逐渐凸显。鼓励消费者分享他们的使用体验，利用 UGC 作为品牌推广的一部分，可以增强品牌的可信度和吸引力。UGC 不仅为潜在消费者提供了真实的产品使用场景，还通过多样化的内容形式丰富了品牌传播的途径。企业可以通过举办 UGC 征集活动或设立 UGC 展示专区，激励消费者积极参与内容创作，从而在潜移默化中提升品牌的市场影响力。

第三节　跨境电商的数字化转型路径

一、数字化基础设施

（一）ERP 系统与 CRM 系统

企业资源计划（ERP）系统和客户关系管理（CRM）系统在现代跨境电商企业中扮演着至关重要的角色。ERP 系统通过集成管理企业的各类资源，包括财务、供应链、人力资源等，帮助企业提升运营效率。对于跨境电商企业而言，ERP 系统不仅能够简化烦琐的业务流程，还能在多国、多币种的交易环境中提供强大的支持，确保企业在全球市场中的竞争力。ERP 系统的实施有助于企业在快速变化的市场中保持敏捷性和响应能力，从而在数字经济时代占据有利地位。

CRM 系统的核心功能在于帮助企业更好地管理客户关系，从而提升客户满意度。在跨境电商中，客户来自不同的国家，具有不同的文化背景，CRM 系统能够通过数据分析和客户行为洞察，提供个性化的客户服务和营销策略。这种针对性的客户关系管理不仅能提高客户的忠诚度，还能通过口碑传播吸引更多的潜在客户。CRM 系统的有效应用可以帮助企业在激烈的市场竞争中脱颖而出，建立持久的客户关系，从而实现业务的可持续增长。

ERP 系统与 CRM 系统的数据分析能力在跨境电商企业的决策过程中发挥着重要作用。通过对海量数据的分析，这些系统能够为企业提供深刻的市场洞察和业务趋势预测，支持企业优化业务流程和市场策略。数据驱动的决策模式不仅提高了企业的运营效率，还为企业在市场竞争中提供了战略优势。这种数据分析能力也有助于企业及时识别市场变化和风险，从而做出快速而准确的响应。

ERP 系统与 CRM 系统的灵活性与可扩展性使其能够适应跨境电商企业的快速变化与成长需求。随着企业规模的扩大和市场环境的变化，这些系统可以通过模块化的设计和灵活的配置，支持企业的业务拓展和创新。无论是新市场的开拓，还是新产品的上线，ERP 系统与 CRM 系统都能提供必要的技术支持，确保企业在数字经济时代的持续发展和竞争力。

在跨境电商的运营中，ERP 系统与 CRM 系统的安全性与合规性至关重要。跨境交易涉及大量的敏感数据，包括客户信息、交易记录等，这些数据的保护不仅关乎企业的声誉，还涉及法律合规问题。ERP 系统与 CRM 系统通过加密技术和严格的权限管理，确保数据在传输和存储过程中的安全性。这些系统还支持企业遵循不同国家和地区的法律法规，确保跨境交易的合规性，为企业的全球化运营保驾护航。

（二）数据中台与业务中台

数据中台与业务中台在现代跨境电商企业中扮演着至关重要的角色。数据中台的架构设计旨在通过统一的数据标准与接口，实现跨系统的数据共享与整合。这种设计不仅能减少数据孤岛现象，还能提高数据的可用性和一致性，使企业在快速变化的市场环境中保持竞争力。通过建立标准化的数据接口，企业能够更好地进行数据分析和挖掘，为决策提供强有力的支持。此外，数据中台还为企业提供了一个集中的数据管理平台，确保数据在不同业务部门之间的流动和共享，从而提高整体业务效率。

业务中台的功能模块设计是为了满足不同业务需求的定制化服务，提高企业的响应速度与灵活性。通过模块化的设计，业务中台能够快速适应市场变化，为企业提供灵活的业务支持。这种设计不仅能提高企业的运营效率，还能增强企业在市场中的竞争力。业务中台通过整合不同的业务流程，提供了一种高效的资源配置方式，使企业能够更快地响应市场需求。在跨境电商领域，业务中台的应用尤为重要，因为它能够帮助企业快速适应不同国家和地区的市场环境，提供定制化的服务解决方案。

数据中台与业务中台的协同作用体现在通过数据驱动业务决策，实现信息流与业务流的高效对接。数据中台提供的数据分析结果能够为业务中台的决策提供依据，从而实现业务流程的优化和资源的合理配置。通过这种协同作用，企业能够更好地预测市场趋势，制定有效的市场策略，提高市场占有率。此外，数据中台与业务中台的协同作用还能够帮助企业实现业务流程的自动化，提高运营效率，降低运营成本。

数据中台在数据治理中的作用同样不可忽视。通过数据质量管理与数据安全策略，数据中台能够确保数据的准确性与合规性。这对于跨境电商企业来说尤为重要，因为数据的准确性直接影响业务决策的有效性。通过实施严格的数据治理策略，企业能够提高数据的可信度，减少数据风险。数据中台还能够帮助企业应对复杂的国际数据法规，确保数据处理的合规性，保护企业的声誉和利益。

业务中台的运营管理通过流程优化与资源配置提升企业的整体运营效率与市场竞争力。通过对业务流程的不断优化，企业能够降低运营成本，提高服务质量，从而增强市场竞争力。资源配置的合理化能够使企业更好地利用现有资源，避免资源浪费，提高企业的利润率。在跨境电商领域，业务中台的运营管理能够帮助企业快速响应国际市场的变化，提供高效的服务支持，增强企业的国际竞争力。

（三）云计算与 AI 应用

云计算与 AI 技术在跨境电商中的应用，正在重塑行业的运作方式。云计算以其强大的弹性资源配置能力，帮助不同规模的企业有效管理 IT 资源。通过云计算，企业能够根据业务需求动态调整资源，避免过多的基础设施投资。这种按需使用的模式，不仅减轻了企业的成本负担，还提高了运营效率，尤其是在面对市场需求波动时，云计算的灵活性显得尤为重要。通过云计算，跨境电商企业可以更快速地扩展或缩减业务规模，从而在全球市场竞争中占据有利地位。

在库存管理方面，AI 技术的应用正在变革传统的供应链管理模式。通过 AI 的预测分析能力，企业能够更准确地预估市场需求，优化库存水平。这种优化不仅减少了库存过剩的风险，还有效降低了缺货的可能性，从而提高了整个供应链的效率。AI 技术通过深度学习算法，分析历史数据和市场趋势，帮助企业做出更明智的库存决策。这种智能化的库存管理模式，能够显著提升企业的运营效率和市场响应速度，为跨境电商企业提供了强大的竞争优势。

安全性与合规性是云计算平台在跨境电商应用中的核心挑战之一。通过加密和访问控制，云计算平台可以有效保护跨境交易中的敏感数据，确保客户信息的安全。数据安全不仅是法律合规的要求，而且是赢得客户信任的基础。云计算平台通过多层次的安全措施，保障数据的机密性、完整性和可用性，帮助跨境电商企业在激烈的市场竞争中树立良好的品牌形象和信誉。

AI驱动的个性化推荐系统，通过用户行为分析，提升了产品推荐的精准度。这种推荐系统通过分析用户的浏览、购买和搜索历史，生成个性化的产品推荐，提高了销售转化率和客户满意度。个性化推荐不仅增加了销售机会，还增强了用户体验，使用户更容易找到他们感兴趣的产品。这种基于AI的智能推荐系统，使跨境电商企业能够更好地满足消费者的个性化需求，从而在全球市场中脱颖而出。

云计算与AI的结合，为跨境电商企业提供了实时数据处理与分析的能力，使其能够快速响应市场变化。通过实时的数据分析，企业可以更快地识别市场趋势和消费者偏好，从而及时作出商业决策。这种快速响应能力，不仅提高了企业的决策效率，还增强了业务的灵活性，使其能够更好地适应全球市场的动态变化。云计算与AI的协同作用，为跨境电商企业在数字经济时代的创新发展提供了强大的技术支持。

二、数字化运营能力

（一）供应链数字化管理

供应链数字化管理在跨境电商的背景下，已成为提升企业竞争力的关键因素。供应链数字化管理的定义与重要性体现在通过数字化手段提高供应链的透明度与响应速度。通过引入先进的信息技术和数据分析工具，企业能够实时监控供应链各环节的动态变化，从而在复杂多变的市场环境中保持灵活性和适应性。这种数字化转型不仅有助于降低运营成本，还能有效减少因信息不对称导致的决策失误。此外，数字化管理能够更好地协调各个供应链节点，确保信息的快速传递和资源的优化配置，从而增强整体供应链的效率和效益。

实时数据监控与分析在供应链管理中的应用，为企业提供了数据驱动的决策支持。通过对供应链各环节的实时数据进行监测和分析，企业可以更准确地预测市场需求变化，优化库存水平，减少库存积压和缺货风险。同时，数据分析还可以帮助企业优化运输路线和方式，提高物流运输效率，降低运输成本。这种基于数据的决策过程，不仅提高了供应链的响应速度，还增强了企业在市场竞争中的应变能力，使其能够更快速地响应消费者的需求变化，提升市场占有率。

数字化工具在供应链协同中的作用不可忽视。通过平台整合各方资源，实现高效合作与信息共享，供应链各参与方能够在统一的平台上进行信息的实时交换和协同作业。这种整合不仅提高了供应链的整体效率，还减少了因信息不对称导致的摩擦和误解。通过数字化平台，企业能够实现从生产到销售的全流程透明化管理，确保各个环节的无缝衔接和高效运作。这种协同效应不仅提升了供应链的整体效能，还为企业创造了更多的商业机会和合作可能。

供应链数字化转型的实施步骤是一个系统工程，包括技术选型、流程再造与团队培训等关键环节。首先，企业需要根据自身的业务需求和发展战略，选择合适的数字化技术和工具，以支持供应链的各项功能。其次，企业需要对现有的供应链流程进行再造，优化各环节的衔接和效率，以充分发挥数字化技术的优势。最后，团队培训是数字化转型成功的重要保障，通过对员工进行系统的培训和技能提升，确保他们能够熟练运用新技术和新工具，推动供应链的数字化转型。

数字化供应链管理对客户体验的提升具有显著作用。通过精准的需求预测与快速响应，企业能够更好地满足消费者的个性化需求，提升消费者的满意度。在数字化供应链管理的支持下，企业可以实现对消费者行为的深度洞察，提供更加精准和个性化的服务。这种以消费者为中心的供应链管理模式，不仅提高了消费者的购物体验，还增强了企业的品牌忠诚度和市场竞争力。通过不断优化供应链的各个环节，企业能够在提升客户体验的同时实现自身的可持续发展。

（二）用户行为分析与精准营销

用户行为分析与精准营销在数字经济时代的跨境电商中扮演着至关重要的角色。通过对用户行为的深入分析，电商企业能够更好地理解消费者的需求和偏好，从而制定更加精准的营销策略。用户行为分析不仅是对数据的简单收集和整理，更是通过复杂的算法和模型，对用户在电商平台上的行为进行深度挖掘，以便获取有价值的消费洞察。这种分析能力使企业能够在激烈的市场竞争中占据优势地位，提升用户的购买体验和忠诚度。

在用户行为数据的收集与分析过程中，电商企业需要借助多种工具和技术手段，以实现对用户行为的全面跟踪。常用的方法包括使用网站分析工具、移动应用分析软件以及社交媒体监测系统等。这些工具可以帮助企业实时捕捉用户的浏览路径、点击行为、停留时间等关键数据，进而通过数据挖掘技术提取消费者的购买意图和行为模式。通过对这些数据的系统化分析，企业能够识别出潜在的市场机会和用户需求，为精准营销提供坚实的数据基础。

制定有效的用户细分策略是实现精准营销的关键步骤之一。电商企业可以根据用户的购买历史、浏览记录和个人偏好，将用户群体划分为不同的细分市场。通过对这些细分市场的深入分析，企业能够识别出不同用户群体的特征和需求，进而设计个性化的营销方案。这种策略不仅能够提高营销活动的针对性和有效性，还能提升用户的购物体验和满意度，最终实现销售额的增长和品牌的提升。

精准营销的实施需要一系列创新的手段和策略，包括个性化推荐、定向广告和促销活动的设计。个性化推荐通过算法分析用户的历史行为和偏好，为用户提供符合其兴趣的产品建议。定向广告通过精准的用户画像，将广告内容推送给最有可能产生购买行为的用户群体。促销活动的设计则需要结合用户的购买周期和偏好，以最大化地刺激用户的购买欲望。这些手段的综合运用，能够有效提升用户的购买转化率，增加企业的销售收入。

建立用户反馈与互动机制是优化营销策略的重要环节。电商企业可以通过在线调研、问卷调查以及社交媒体互动等方式，获取用户对产品和服务的真实意见。这些反馈不仅可以帮助企业及时发现产品和服务中的不足，还能为营销策略的调整提供有力的支持。通过与用户的积极互动，企业可以增强用户的参与感和忠诚度，进一步优化产品和服务，提升市场竞争力。

数据驱动的决策支持系统是电商企业实现高效运营的核心工具之一。通过对用户行为分析结果的深入解读，企业能够在产品开发、库存管理和市场推广策略上做出更加科学合理的决策。在产品开发方面，用户行为数据可以帮助企业识别市场需求，优化产品设计。在库存管理方面，数据分析可以预测销量趋势，优化库存配置。在市场推广方面，用户行为分析可以指导广告投放和促销活动的设计，提升营销活动的效果和效率。通过数据驱动的决策支持，企业能够在复杂多变的市场环境中保持竞争优势。

（三）风险监测与智能决策

在数字经济时代，跨境电商的运营环境日趋复杂，风险监测与智能决策成为企业生存与发展的关键。企业需要建立高效的风险监测系统，通过实时数据分析，识别潜在风险。这种系统不仅能够提供即时的风险预警，还能通过对历史数据的分析，预测未来可能出现的风险场景，从而为企业的战略规划提供支持。智能决策系统的引入，使企业在应对风险时能够迅速反应，结合数据挖掘和机器学习技术，优化决策流程，提高决策效率。这种技术驱动的决策模式，有助于企业在竞争激烈的市场中保持领先地位。

构建一个有效的风险监测系统，首先需要整合多源数据，包括市场动态、用户行为、供应链信息等。通过实时数据分析，企业可以识别出潜在的风险信号，并及时采取措施降低损失。例如，利用大数据技术，可以实时监测市场价格波动、物流延迟等情况，提前预警企业采取相应的调整策略。此外，风险监测系统还需具备自我学习能力，随着数据的积累与分析能力的提升，不断提升其风险识别与预测的准确性，确保企业在面对不确定性时，能够采取更为精准的应对措施。

智能决策支持系统的设计旨在通过数据挖掘和机器学习技术，提升企业的决策效率。该系统能够自动从海量数据中提取有价值的信息，识别出影响决策的关键因素，并通过算法模型进行模拟与优化。通过不断更新的学习算法，系统可以适应市场环境的变化，提供更为精准的决策建议。企业在应用智能决策支持系统时，可以实现从传统经验决策向数据驱动决策的转变，从而在复杂的市场环境中做出更为快速和有效的战略调整。

风险评估模型是跨境电商企业进行战略调整的重要工具。通过量化指标，企业能够对不同风险因素进行深入分析，评估其对运营的潜在影响。风险评估模型通常包括对市场风险、信用风险、运营风险等方面的分析，并通过对这些因素的综合评估，帮助企业制定更科学的风险管理策略。通过模型的量化分析，企业可以更加清晰地了解其风险暴露点，从而在战略规划中，采取更为精准的风险规避和控制措施，提升企业的整体抗风险能力。

在跨境电商领域，市场变化和用户行为的不确定性要求企业具备动态风险管理能力。企业需要建立灵活的风险管理策略，根据市场变化和用户行为的实时反馈，调整风险应对措施。这种动态调整能力不仅依赖于技术手段的支持，还需要企业内部管理机制的灵活性。通过数据分析，企业可以及时捕捉市场趋势和用户需求的变化，调整产品策略和供应链管理，以保持市场竞争力和企业灵活性。

三、数字化组织与人才

（一）敏捷组织与跨部门协作

在数字经济时代，敏捷组织与跨部门协作已成为跨境电商企业提升竞争力的重要手段。敏捷组织强调快速响应市场变化的能力，其定义涵盖了灵活性、适应性和高效性等要素。敏捷组织的核心在于能够快速调整战略和战术，以应对不断变化的市场需求。这种能力在数字经济的背景下显得尤为重要，因为市场变化的速度和复杂性不断增加，企业必须具备快速反应的能力，以保持竞争优势。

跨部门协作的关键在于有效的沟通和协作工具的使用。通过高效的沟通，团队之间可以更好地分享信息和资源，减少误解和重复劳动。协作工具的引入，如项目管理软件、即时通信工具等，可以大大提高团队之间的协作效率。这些工具不仅可以促进信息的快速传递，还能帮助团队成员实时跟踪项目进展，及时调整策略和计划，从而实现更高效的协作。

构建敏捷组织文化是实现敏捷组织目标的基础。企业需要通过鼓励创新和容忍失败来激发员工的创造力。在敏捷组织中，创新被视为推动企业发展的动力源泉，失败被视为学习和进步的机会。通过建立一种包容和开放的文化氛围，员工可以在尝试新方法和新思路时感到安全和被支持，从而更积极地参与到创新活动中。

在跨部门项目管理中，敏捷管理框架的应用可以实现项目的快速迭代与反馈。敏捷管理框架强调小步快跑和持续改进，通过短周期的迭代和频繁的反馈，项目团队能够快速识别和解决问题，确保项目始终朝着正确的方向发展。这种方法不仅提高了项目的灵活性和适应性，还能更好地满足客户的需求和期望。

敏捷组织在人才管理中的应用主要体现在灵活的角色分配和跨职能团队的建设上。通过灵活的角色分配，企业可以根据项目需求和员工的技能特点，动态调整团队成员的职责和分工。这种灵活性有助于提高组织的应变能力，使其能够快速适应市场变化和客户需求。同时，跨职能团队的建设可以打破部门之间的壁垒，促进知识和经验的共享，进一步提升组织的整体效率和创新能力。

（二）数字化人才与培训体系

在数字经济时代，跨境电商的成功离不开对数字化人才的培养。数字化人才不仅是具备技术能力的员工，还是能够在快速变化的市场环境中推动业务创新与技术应用的关键角色。这些人才需要在跨境电商环境中发挥重要作用，通过运用先进的数据分析技术和数字营销策略，帮助企业在国际市场上获得竞争优势。他们的角色不仅限于执行者，更是创新的引领者，能够敏锐地捕捉市场趋势，推动企业在数字化浪潮中不断前进。

跨境电商企业在培养数字化人才时，需特别关注关键技能的培训需求。数据分析能力是跨境电商中至关重要的一环，能够帮助企业精准定位市场需求和优化供应链管理。此外，数字营销技能也是必不可少的，通过掌握社交媒体、搜索引擎优化和内容营销等手段，企业可以更有效地触达目标客户群体。为了满足这些需求，企业应制订系统的培训计划，确保员工在这些领域具备扎实的专业知识和实战能力。

为了提升员工的数字化素养与专业能力，构建多元化的培训体系尤为重要。线上与线下培训相结合的方式，可以提供灵活的学习环境，满足员工不同的学习需求。在线课程可以提供即时的知识更新，而线下研讨会和工作坊则有助于加深理解与实践应用。通过这种混合式培训，企业可以更好地帮助员工掌握最新的数字化工具和方法，提升其在实际工作中的应用能力。

在激烈的市场竞争中，如何吸引和留住具备数字化能力的人才是企业面临的重大挑战。合理的激励机制是关键，通过提供具有竞争力的薪酬、职业发展机会和良好的工作环境，企业可以增强团队的稳定性与创新性。此外，个性化的激励措施，如认可员工的创新贡献和提供灵活的工作安排，也可以有效提高员工的满意度和忠诚度，确保企业在数字化转型过程中拥有强大的人才支撑。

数字化转型不仅是技术的变革，还是组织文化的重塑。通过培养开放与协作的文化，企业可以促进员工在数字化转型中的积极参与与贡献。开放的文化鼓励员工分享知识和经验，协作的氛围有助于跨部门团队的高效运作。在这样的环境中，员工更愿意尝试新事物，提出创新想法，从而推动企业在数字化时代的持续发展。通过系统的文化建设，企业可以在数字化转型中实现更高的效率和更强的竞争力。

（三）创新文化与激励机制

创新文化与激励机制在数字经济时代中扮演着至关重要的角色。创新文化的定义与重要性在于它能够为企业创造一个开放、包容的环境，从而促进创新思维的产生。在数字经济的背景下，企业需要不断适应市场变化，创新文化则成为推动企业发展的核心驱动力。通过建立这样一种文化，企业不仅能吸引和留住优秀人才，还能激发员工的创造力和主动性，使员工在面对复杂的市场环境时，能够灵活应对并推动企业的持续发展。

激励机制的设计原则同样在企业的创新过程中起着关键作用。合理的绩效评估体系和奖励制度是激发员工创新潜力与积极性的有效手段。通过明确的目标设定和公正的评估标准，企业可以确保员工的努力方向与企业的战略目标一致。此外，奖励制度的多样性和灵活性也能有效激励员工，使其在工作中不断追求创新和突破。通过这样的激励机制，企业不仅能提升员工的工作满意度，还能增强其对企业的忠诚度和归属感。

跨部门协作对创新的促进作用不容忽视。在企业内部，打破部门壁垒、促进信息共享与资源整合是提升整体创新能力的重要途径。通过跨部门协作，企业可以实现资源的最优配置，避免信息孤岛的产生，从而加速创新成果的转化。跨部门协作还能够带来多元化的视角和思维方式，帮助企业在产品和服务的创新过程中，提供更具市场竞争力的解决方案。

员工参与决策的机制是企业提升创新能力的重要一环。通过鼓励员工在项目和产品开发中提出意见与建议，企业能够增强员工的归属感与创造力。这种机制不仅能提升员工的积极性和责任感，还能为企业带来更多的创新灵感和思路。员工在参与决策的过程中，也能更好地理解企业的战略目标和发展方向，从而在工作中更加主动地推动创新。

最后，失败容忍文化的建立对于提升企业的创新活跃度至关重要。通过鼓励员工勇于尝试和实验，企业可以减少对失败的恐惧，营造出一个适于创新的环境。失败容忍文化不仅能激发员工的创新热情，还能帮助企业在不断的试错过程中积累经验，优化创新流程。在数字经济时代，这种文化的建立能够帮助企业在激烈的市场竞争中，保持创新的活力和竞争优势。

第五章 数字经济时代的绿色电商创新模式

第一节 绿色电商的运营模式

一、绿色供应链管理

（一）绿色采购与供应商分析

随着全球环境问题的日益严峻，企业在采购过程中融入绿色理念已成为一种必然趋势。绿色采购不仅是选择环保产品，更是对整个供应链进行全面的生态优化。通过对供应商进行严格的环境绩效评估，企业能够确保其采购的每一个环节都符合可持续发展的标准。这种分析不仅有助于减少企业的环境足迹，还可以通过选择更具环保意识的供应商来提升整体供应链的绿色水平。

绿色采购的定义及其在电商中的重要性不容忽视。绿色采购指的是企业在采购过程中，优先选择对环境影响较小的产品和服务，以实现可持续发展目标。在电商领域，绿色采购的重要性尤为突出。通过绿色采购，电商企业不仅可以降低运营成本，还能提升其在市场中的竞争力。这种绿色理念的贯彻，能够有效地促进企业在消费者心目中的品牌形象，增强消费者对企业的信任。此外，绿色采购还能够推动整个行业向更加环保的方向发展。

选择环保材料与可持续产品的标准是绿色采购的核心内容之一。在电商运营中，选择合适的环保材料和可持续产品标准至关重要。企业需要根据自身的运营特点和市场需求，制定一套科学合理的标准，以确保所采购的材料和产品符合环保要求。这不仅涉及产品的生产过程，还包括其生命周期的各个环节。通过严格的标准控制，企业能够有效地减少对环境的负面影响，并为消费者提供更加绿色的产品选择。

供应商的环境绩效评估及其对采购决策的影响是绿色供应链管理中的重要环节。通过对供应商环境绩效的评估，企业可以更好地了解供应商在环保方面的表现，从而做出更加明智的采购决策。这种评估不仅可以减少企业自身的环境风险，还可以推动供应商改进其环保措施，提升整个供应链的环境绩效。企业在进行采购决策时，不仅要考虑产品的价格和质量，还要将供应商的环境绩效作为重要的考量因素。

绿色采购对企业品牌形象和消费者信任的促进作用不可小觑。在数字经济时代，消费者越来越关注企业的环保责任和社会责任。通过绿色采购，企业能够有效地提升其品牌形象，提高消费者的信任度。绿色采购不仅展示了企业对环境保护的承诺，还体现了其在可持续发展方面的努力。这种积极的形象塑造，不仅能吸引更多的消费者，还能为企业带来长期的竞争优势。

建立绿色供应商网络以提升电商整体可持续性是推动绿色电商发展的重要策略。通过建立一个稳定的绿色供应商网络，企业可以确保其供应链的每一个环节都符合可持续发展的要求。这种网络的建立，不仅有助于提升企业的采购效率，还能够推动整个行业朝更加环保的方向发展。通过与绿色供应商的紧密合作，企业能够在降低环境影响的同时，获得经济效益和社会效益。

（二）绿色包装与循环利用

绿色包装的定义涵盖了使用对环境影响较小的材料和设计，以减少资源消耗和环境污染。在电商领域，绿色包装的重要性日益凸显，因为它不仅符合可持续发展的理念，还能增强企业的社会责任感和品牌形象。随着全球环保意识的增强，电商企业面临着采用绿色包装的压力，这不仅是企业责任的体现，还是市场竞争的需要。通过采用绿色包装，企业可以在环保与经济效益之间找到平衡点。

1. 采用可降解和可回收材料进行包装设计

可降解和可回收材料包括生物降解塑料、可再生纸张等，能够在使用后被自然降解或循环再利用，减轻对环境的负担。在电商物流中，使用可降解和可回收材料有助于减轻包装废弃物，从而减少对生态环境的破坏。此外，这种材料的使用也能够提升消费者对品牌的好感度，因为越来越多的消费者愿意支持环保意识强的企业。电商企业在设计绿色包装时需考虑材料的可用性、成本以及消费者的接受度，以实现最大的经济和环保效益。

2. 绿色包装对减少物流过程中碳排放的影响

在物流环节，包装材料的选择直接影响运输过程中的能耗和排放量。轻质且可回收的包装材料能够减少运输工具的负荷，从而降低燃料消耗和碳排放。

此外，合理的包装设计可以提高运输效率，减少空运和多余包装的使用，进一步降低碳足迹。通过优化包装方案，电商企业不仅能够降低运营成本，还能实现可持续发展的目标，满足日益严格的环保法规要求。

3. 循环利用包装的策略

通过回收和再利用包装材料，企业可以减少新材料的采购需求，从而降低原材料成本。此外，循环利用还可以减少废弃物处理费用，减轻环境税收负担。电商企业可以通过建立包装回收体系，与消费者和物流合作伙伴共同推进包装的回收和再利用。这不仅有助于降低企业的运营成本，还能提升企业的绿色形象和市场竞争力，吸引更多注重环保的消费者。

4. 消费者对绿色包装的认知与接受度

随着环保意识的提升，越来越多的消费者在购物时会考虑产品的环保特性。绿色包装作为产品的一部分，能够直接影响消费者的购买决策。研究表明，消费者更倾向于选择使用绿色包装的产品，因为这符合他们的环保价值观。电商企业应加强对绿色包装的宣传和教育，提高消费者的认知与接受度，提升销售额和市场份额。在数字经济时代，绿色包装不仅是企业竞争的差异化策略，也是实现可持续发展的重要途径。

（三）绿色物流与低碳配送

绿色物流的定义不仅限于减少对环境的负面影响，还包括通过优化资源利用来实现可持续发展。在电商领域，绿色物流的实施能够有效降低碳排放和资源浪费，成为企业提升竞争力的重要手段。绿色物流的核心在于通过创新的物流管理策略，实现环境保护与经济效益的双赢。这不仅是企业社会责任的体现，更是响应全球环境保护趋势的必然选择。

1. 低碳配送策略的实施

现代电商企业通过使用电动车辆替代传统燃油车辆，有效减少了运输过程中产生的二氧化碳排放。同时，优化运输路线和提高运输效率也是低碳配送的重要策略。通过大数据分析和智能算法，企业能够规划出最优的配送路径，减少不必要的能耗和时间浪费。这些措施不仅降低了企业的运营成本，也提升了客户服务水平，增强了企业的市场竞争力。

2. 绿色物流技术的应用

智能物流系统的引入，使物流管理更加精准和高效。大数据分析不仅能帮助企业预测需求，还能优化库存管理，减少资源浪费。此外，物联网技术的应用，使物流过程更加透明和可控，提高了物流管理的可持续性。这些技术的综合应用，推动了绿色物流的不断发展，为电商企业带来了新的机遇和挑战。

3. 绿色物流对消费者购买决策的影响

随着环保意识的提升，消费者对低碳配送服务的偏好逐渐增强。研究表明，越来越多的消费者愿意为绿色物流支付溢价，这为企业实施绿色物流提供了市场动力。消费者的接受度不仅影响企业的市场策略，也推动了整个行业向可持续发展的方向转型。企业在制定物流策略时，需要充分考虑消费者的环保需求，以增强品牌的社会责任感和市场吸引力。

二、绿色产品与服务

（一）环保认证与绿色标签

在数字经济时代，绿色电商的兴起不仅是市场需求的体现，还是可持续发展战略的重要组成部分。环保认证与绿色标签作为绿色电商的核心元素，承担着传递产品绿色价值的重任。它们不仅是产品的附加标识，还是消费者信任的象征。通过对产品的环保认证，企业不仅展示了其在环境保护方面的承诺，也为消费者提供了一个可靠的选择依据。这种信任关系的建立，对于绿色电商的长远发展具有不可替代的作用。

环保认证是指通过权威机构对产品的环境友好性进行评估和认证的过程。在绿色电商中，环保认证不仅提升了产品的市场竞争力，还为消费者提供了明确的购买指引。通过环保认证，企业能够有效地展示其在环保方面的努力和成就，从而在市场中树立良好的企业形象。这种认证在电商平台上尤为重要，因为它可以帮助消费者在海量信息中快速识别出真正的绿色产品，减少了信息不对称带来的困扰。

绿色标签的种类多样，包括有机认证、碳足迹标签、可再生能源标签等。每一种标签都代表着产品在某一环保领域的优势。这些标签对消费者的购买决策有着显著的影响。研究表明，消费者在选择产品时，更倾向于选择那些拥有绿色标签的产品，因为这些标签不仅代表着产品的质量和安全性，还体现了消费者对环境保护的关注和责任感。因此，绿色标签在消费者心中已成为购买决策的重要参考因素。

环保认证不仅是企业进入绿色市场的通行证，更是提升其市场竞争力的重要工具。获得环保认证的企业，往往能够在激烈的市场竞争中脱颖而出，赢得更多的市场份额。环保认证提升了企业的品牌价值，提高了消费者对其产品的信任度。此外，环保认证还能够帮助企业开拓新的市场，特别是在那些对环保要求较高的国际市场中，环保认证更是企业进入市场的必备条件。

绿色标签在促进可持续消费方面发挥着关键作用。通过绿色标签，消费者能够更清晰地了解产品的环境影响，从而做出更加理性的消费选择。这不仅推动了可持续消费的普及，也促进了企业在生产过程中更加注重环保因素。绿色标签的普及，使消费者和企业在可持续发展目标上达成一致，共同推动绿色经济的发展。

（二）二手交易与共享经济

二手交易与共享经济已经成为现代绿色电商中的重要组成部分。二手交易是指通过交易平台，消费者可以出售或购买使用过的商品，不仅延长了商品的使用寿命，还有效减少了资源的浪费。二手交易在绿色电商中的重要性不可忽视，因为它直接促进了资源节约和环境保护。通过鼓励消费者重复使用商品，二手交易减少了对新资源的需求，从而降低了生产和废弃物处理对环境的压力。

共享经济作为一种新兴的经济模式，与二手交易有着密切的联系。共享经济的概念是通过建立共享平台，使物品得以高效利用，最大化其使用价值。这种模式不仅有助于资源的循环利用，还能通过降低消费成本，提高资源的使用效率。共享经济平台的出现，为消费者提供了一个便捷的渠道，使他们能够在不购买新商品的情况下，满足自身的消费需求，从而进一步推动绿色消费。

在二手交易平台的运营模式中，C2C 和 B2C 是两种主要的模式。在 C2C 模式下，消费者之间可以直接进行交易，这种模式通常依赖于平台提供的中介服务，以确保交易的安全性和便利性。B2C 模式由商家提供经过认证的二手商品，通常附有质量保证和售后服务。这两种模式各有特点，共同促进了绿色消费的发展，推动了消费者对二手商品的认可和接受。

消费者对二手商品的认知与接受度是影响二手交易发展的关键因素。影响消费者选择二手商品的因素包括商品的质量、价格、来源以及交易的便利性等。许多消费者对于二手商品的质量和安全性存有疑虑，这需要平台通过严格的质量控制和透明的信息披露来提升消费者的信任度。同时，价格的竞争力也是吸引消费者的重要因素之一，合理的定价策略能够有效提高二手商品的市场竞争力。

二手交易与共享经济在促进可持续消费方面具有巨大的潜力。它们通过挑战和变革传统的消费模式，倡导一种更加环保、经济的生活方式。通过减少资源消耗和废弃物产生，二手交易和共享经济不仅符合可持续发展的理念，还为消费者提供了更多的选择和便利。未来，随着技术的进步和消费者环保意识的增强，这些模式将继续在绿色电商中发挥重要作用，推动整个社会向可持续发展的方向迈进。

（三）碳足迹追踪与碳中和

碳足迹追踪在绿色电商中扮演着关键角色，它不仅是衡量企业环境影响的重要指标，还是推动企业可持续发展的重要手段。碳足迹追踪的定义涉及对产品或服务在其整个生命周期内的温室气体排放进行量化。对电商企业而言，准确追踪和管理碳足迹可以提高其在市场中的竞争力，并满足日益增长的环保法规和消费者对可持续产品的需求。通过碳足迹追踪，企业能够识别其碳排放的主要来源，进而制定有效的减排策略，促进企业的绿色转型和长期发展。

碳足迹的计算方法多种多样，其中以生命周期评估（Life Cycle Assessment，LCA）和温室气体排放清单为代表。LCA是一种系统的分析方法，能够全面评估产品从原材料获取、生产、运输、使用到废弃处理的整个生命周期中的环境影响。温室气体排放清单则提供了一种更为直接的碳排放量化方法，适用于不同规模和类型的电商企业。这些方法的应用，可以帮助企业识别其碳排放的关键环节，并制定相应的减排措施，为企业的可持续发展提供科学依据。

在技术手段方面，电商企业可以通过区块链技术和物联网（IoT）设备来实施碳足迹追踪。这些技术不仅提高了数据的透明度和追踪精度，还增强了企业与消费者之间的信任。区块链技术可以确保碳足迹数据的不可篡改性，使企业的环保承诺更加可信；而物联网设备则可以实时监控产品在运输和使用过程中的碳排放情况，为企业提供及时的数据反馈。这些技术手段的结合，使碳足迹追踪更加高效和精准。

实现碳中和是电商企业降低整体碳排放的重要路径。通过碳补偿、可再生能源的使用及能效提升，企业可以有效减少其碳足迹。碳补偿是指通过购买碳信用或投资于碳减排项目来抵消自身的碳排放；可再生能源的使用可以直接减少企业在生产和运营中的化石燃料消耗；能效提升涉及对企业生产和运营流程的优化，减少能源浪费。这些措施的综合应用，可以帮助电商企业实现碳中和目标，提升其在市场中的绿色竞争力。

消费者对碳足迹信息的认知与接受度直接影响其购买决策。研究表明，越来越多的消费者愿意为环保产品支付溢价。因此，电商企业需要有效传递其碳足迹信息，以影响消费者的购买行为。企业可以通过产品标签、在线平台和社交媒体等渠道向消费者传递其碳足迹信息，并通过透明和可信的方式展示其环保努力。这不仅能够增强消费者对企业品牌的信任，还能激励其他企业加入绿色电商的行列，共同推动可持续消费的实现。

三、绿色电商的商业模式

（一）绿色消费补贴与税收优惠

绿色消费补贴是指政府为鼓励消费者购买绿色产品而提供的经济支持。这一措施通过降低绿色产品的购买成本，提高了消费者的购买意愿，从而推动了绿色产品的市场普及。这种补贴不仅可以直接增加绿色产品的销售，还可以间接促进企业加大对绿色产品的研发和推广力度。此外，税收优惠政策是政府通过减免税收的方式，降低绿色电商企业的运营成本。这种政策不仅能提高企业的盈利能力，还能增强其在市场中的竞争力，进而推动整个行业向可持续发展的方向转型。

绿色消费补贴的定义及其对消费者购买绿色产品的激励作用是绿色电商发展的关键。绿色消费补贴通过直接降低消费者购买绿色产品的价格，增强了其对绿色产品的购买意愿。这种激励机制不仅能有效提高绿色产品的市场占有率，还能促使其他企业加入绿色产品的生产和销售行列，从而推动整个市场的绿色化转型。消费者在享受补贴的过程中，也逐渐形成了绿色消费的意识和习惯，这为未来绿色消费市场的持续发展奠定了坚实的基础。

税收优惠政策对绿色电商企业的财务影响及其促进可持续发展的潜力不可忽视。通过税收优惠，企业能够将更多的资金投入绿色技术的研发和创新中，这不仅能提高企业的生产效率，还能降低其对环境的影响。此外，税收优惠还可以吸引更多的投资者关注绿色电商领域，从而为行业带来更多的资金支持和发展机遇。这种良性循环将进一步推动绿色电商企业在市场中的竞争力，并为实现可持续发展目标提供有力支持。

绿色消费补贴与税收优惠在促进绿色创新和技术研发中的作用至关重要。通过降低企业的运营成本，税收优惠政策为企业在绿色技术研发方面提供了更多的资金支持。这些政策鼓励企业进行技术创新，开发出更为环保和高效的产品和服务，从而提升整个行业的技术水平。同时，绿色消费补贴通过扩大市场需求，推动企业加大对绿色产品的研发和生产投入，将进一步促进绿色技术的进步和普及。

政府在实施绿色消费补贴与税收优惠政策时的策略与执行机制直接影响政策的效果。政府需要根据市场需求和企业发展的实际情况，制定科学合理的补贴和税收优惠政策。同时，还需建立健全执行机制，确保政策的实施能真正惠及消费者和企业。此外，政府还应加强对政策执行过程的监督和管理，以防止政策的滥用和失效，从而确保绿色电商市场的健康发展。

消费者对绿色消费补贴与税收优惠的认知与接受度对政策效果的影响显著。消费者对政策的了解程度直接影响其对绿色产品的购买决策。因此，政府和企业需加强对政策的宣传和推广，帮助消费者更好地理解和利用这些政策。同时，企业也应积极引导消费者的绿色消费观念，提高其对绿色产品的认可度和忠诚度，从而提升政策的实施效果，推动绿色电商市场的持续发展。

（二）碳积分与绿色金融

碳积分是一种创新的环保激励机制，通过为企业或个人在减少碳排放方面的贡献进行量化和奖励，促进环境保护。碳积分在绿色电商中的作用尤为显著，作为一种经济激励手段，碳积分不仅提高了企业减少碳排放的积极性，还为消费者提供了参与环保的途径。通过碳积分，企业可以在市场上获得额外的竞争优势，消费者也能通过购买绿色产品获得积分奖励，从而间接推动了绿色消费行为的普及。

绿色金融的概念与实践为绿色电商提供了强有力的支持。绿色金融指的是通过金融工具和政策支持可持续发展项目的融资，其核心在于将资金引导至有助于环境保护的项目中。在绿色电商领域，绿色金融可以通过提供优惠贷款、绿色债券等方式，降低企业在绿色项目中的融资成本。这不仅有助于企业在绿色技术和产品上的投资，还可以增强其在市场中的竞争力。绿色金融的有效实施，依赖于金融机构与电商企业之间的紧密合作，以及政策层面的支持与引导。

碳积分交易市场的运作机制是实现碳减排和绿色投资的重要途径。通过市场化手段，碳积分交易市场为企业提供了一个平台，使其能够通过买卖碳积分来优化自身的碳排放策略。这一机制不仅促进了企业间的环保竞争，也为绿色投资创造了新的机会。然而，市场的有效运作需要透明的规则和完善的监管体系，以确保交易的公平性和有效性。企业在参与碳积分交易时，需要充分考虑市场风险和政策变化，以实现最大化的环保和经济效益。

在绿色金融的应用中，企业面临着诸多机遇与挑战。绿色金融为企业提供了多种融资渠道，但同时也要求企业在融资成本、投资回报及风险管理等方面进行全面的考量。企业需要在绿色项目的选择上进行谨慎评估，以确保投资的可持续性和营利性。此外，绿色金融的实施还需要企业具备一定的专业知识和管理能力，以有效应对市场波动和政策调整带来的风险。

消费者对碳积分和绿色金融产品的认知与接受度是推动绿色消费市场发展的关键因素。消费者的环保意识和对绿色产品的认可度直接影响市场的需求和发展潜力。通过加强对碳积分和绿色金融产品的宣传与教育，可以提高消费者的认知水平，进而促进其绿色消费行为的转变。市场调研显示，随着消费者环保意识的增强，消费者对绿色产品的需求正在逐步增加，这为绿色电商的发展提供了广阔的市场空间。

（三）公益营销与品牌价值

在数字经济时代，绿色电商企业通过公益营销提升品牌价值成为一种创新模式。公益营销不仅是商业策略，还是企业社会责任的体现。通过开展公益活动，企业能够在公众中树立积极的品牌形象，提高品牌认知度和客户忠诚度。这种策略在绿色电商中尤为重要，因为它能够将企业的环保理念与社会责任感结合起来，使消费者在购买产品时不仅关注产品本身，还关注企业在环保和社会公益方面的贡献。通过这种方式，企业不仅能赢得消费者的信任，还能在激烈的市场竞争中脱颖而出。

公益营销是指企业通过参与或支持公益活动来提升品牌形象和市场竞争力的策略。对于绿色电商而言，公益营销不仅有助于推广环保理念，还可以通过履行社会责任来提升品牌的认知度和客户忠诚度。在消费者日益关注企业社会责任的背景下，绿色电商通过公益活动展示其对环境保护和社会发展的贡献，能够有效地吸引具有环保意识的消费者，并提高他们对品牌的忠诚度。这种通过社会责任感所建立的品牌认知，不仅有助于企业的长远发展，也为可持续消费提供了动力。

在设计公益营销活动时，绿色电商企业应遵循透明度、真实性和消费者参与感等原则。透明度要求企业在公益活动中公开其目标、资金使用及效果，以赢得消费者的信任。真实性强调企业应选择与其品牌价值观一致的公益活动，避免“洗绿”行为。消费者参与感是通过邀请消费者参与公益活动，增强他们对品牌的情感联系。例如，企业可以通过社交媒体平台进行互动，或组织线下活动，让消费者切身感受到企业的公益理念。通过这些设计原则，企业能够有效地提高消费者的品牌忠诚度，促进品牌的长远发展。

品牌价值与公益营销之间有着密切的联系。通过公益营销，企业可以展示其社会责任感，从而提升品牌形象。良好的品牌形象不仅能吸引消费者，还能增强他们的购买意愿。对于绿色电商而言，公益营销能够将品牌与环保、可持续发展等正面形象相结合，使消费者在购买产品时感受到附加的社会价值。通过这种方式，企业不仅能够提升销售额，还能在市场中建立独特的竞争优势。这种基于社会责任感的品牌价值提升策略，已成为绿色电商在数字经济时代立足的重要手段。

消费者对公益营销的态度直接影响他们的购买决策。在当今社会，越来越多的消费者愿意为具有社会责任感的品牌支付溢价。绿色电商可以通过公益营销活动，唤起消费者的社会意识，从而影响他们的购买行为。通过展示企业在环保和社会公益方面的贡献，企业可以激发消费者的社会责任感，促使他们选择绿色产品。为了有效利用消费者的社会意识，企业需要确保其公益活动的真实性和透明度，以建立消费者的信任。通过这种方式，绿色电商能够在满足消费者需求的同时，推动可持续消费的普及。

第二节　绿色电商的环保技术应用

一、清洁能源与节能技术

（一）太阳能与风能应用

在数字经济时代，电商企业积极探索可再生能源的应用，以降低环境影响并提高运营效率。太阳能和风能的应用在这一过程中扮演了关键角色。首先，太阳能被广泛应用于电商仓储及配送中心。这种应用不仅能够显著降低运营成本，还能提高能源使用效率，为企业带来可观的经济效益。在电商仓储设施中，太阳能光伏板的安装使这些建筑能够部分甚至完全依赖太阳能进行日常运营，减少对传统能源的依赖。此外，太阳能技术的应用还可以通过智能化管理系统进行调节，优化能源使用，进一步提升企业的运营效率。

风能技术的引入同样为电商企业带来了新的机遇。特别是在物流环节，风能的利用能够实现可再生能源的自给自足，减少传统能源的消耗。这对于那些在物流运输中需要大量能源的电商企业尤为重要。通过在合适的地理位置安装风力发电设备，企业可以在物流基地实现部分能源自给。此外，风能技术还可以与太阳能技术结合使用，形成综合能源解决方案，从而进一步提升电商企业的环境友好形象。这不仅有助于企业在市场中树立绿色品牌，还能够提高消费者的品牌忠诚度，形成良性循环。

在产品运输方面，太阳能和风能的结合应用也具有巨大的潜力。特别是在冷链运输中，这两种可再生能源的应用可以确保食品和药品等易腐商品的安全性与可持续性。通过利用太阳能和风能，电商企业能够在运输过程中提供稳定的温控环境，确保商品的质量和安全。这不仅符合绿色环保的理念，也满足了消费者对高质量商品的需求。此外，太阳能和风能的应用还能够减少冷链运输对环境的负面影响，进一步推动绿色电商的发展。

为了实现更高效的能源管理，电商企业开始开发基于太阳能和风能的智能化电商系统。这些系统通过数字化手段对能源进行实时监控和调节，实现了能源管理的高效化。智能化系统不仅能够优化企业的能源使用，还能通过数据分析为企业提供决策支持，帮助企业在激烈的市场竞争中保持优势。通过这些创新技术的应用，电商企业不仅能够提升自身的运营效率，还能为行业的可持续发展做出贡献。

（二）数据中心与仓储节能

数据中心能效优化技术的应用，如虚拟化和云计算，已经成为降低能源消耗的有效手段。这些技术通过资源整合和动态分配，显著提高了整体运营效率。此外，数据中心的能效优化还包括采用先进的冷却系统，如液冷和自然通风。这些系统通过减少对传统空调制冷的依赖，降低了数据中心的能耗需求，从而实现了更高效的能源管理。

智能电力管理系统的引入，为数据中心和仓储设施提供了实时监控和调节能源使用的能力。通过这些系统，企业可以在高负载情况下仍然保持高效的能耗管理，从而避免能源浪费。与此同时，节能设计原则的实施，如模块化设计和高效设备选型，也在提升仓储设施的能源效率方面发挥了重要作用。这些设计原则不仅有助于降低运营成本，还能在资源利用方面实现更高的效益。

整合可再生能源是实现数据中心和仓储设施可持续发展的关键步骤。通过引入太阳能和风能等绿色电力，企业不仅能够减少对化石燃料的依赖，还能显著降低碳排放。这种能源转型不仅符合全球可持续发展目标，也为企业带来了长期的经济和环境效益。在数字经济时代，绿色电商的崛起要求企业不断创新和优化其能源管理策略，以形成经济效益与环境保护的双赢局面。

（三）绿色包装材料研发

随着消费者环保意识的增强，电商企业逐渐认识到绿色包装材料的应用潜力。可降解材料、生物基材料和再生材料是绿色包装的主要种类。可降解材料能够在自然环境中降解，减少塑料污染；生物基材料来源于可再生资源，减少对化石资源的依赖；再生材料通过回收利用，降低资源消耗。这些材料在电商包装中的应用，不仅能减轻环境负担，还能提升企业的环保形象。

在绿色包装材料的研发过程中，性能要求是一个关键考量因素。为了在物流过程中保护商品的完整性，绿色包装材料必须具备足够的强度、耐用性和安全性。这些性能要求确保了包装材料在运输、储存等环节中能够有效地保护商品，避免因包装不当导致的商品损坏。此外，绿色包装材料还需满足防水、防尘等特定性能，以适应不同商品的包装需求。这些性能指标的达成，既是技术研发的重点，也是绿色包装材料能否广泛应用的基础。

绿色包装材料的成本效益分析是企业在选择环保包装时的重要考量。尽管绿色包装材料在生产和运输过程中可能面临较高的初始成本，但其所带来的环境效益和品牌增值效应常常能够弥补这些成本。通过对生产、运输环节的优化，企业可以在经济性与环境效益之间找到平衡。绿色包装材料不仅降低了长远的环境成本，还可能通过提升品牌形象、增加消费者信任，从而带来更高的市场回报。

绿色包装材料的创新研发方向是推动其广泛应用的动力之一。在新型环保材料的开发中，科研人员致力于寻找更高效、更环保的解决方案，以满足市场对绿色包装日益增长的需求。这包括对现有材料的改良，如提高生物降解速度、增强材料强度等，以及开发全新的材料组合，以实现更好的环保性能和经济效益。技术的进步使绿色包装材料在保障环保的同时，能够更好地满足电商行业的多样化需求。

绿色包装材料在消费者心理上的影响不容忽视。研究表明，使用绿色包装材料能够有效提升品牌形象，增强消费者的购买意愿。消费者越来越关注企业的环保责任，使用绿色包装材料不仅是企业履行社会责任的体现，也是企业与消费者沟通的重要媒介。通过使用绿色包装，企业能够传递环保理念，赢得消费者的信任和忠诚，从而在竞争激烈的市场中脱颖而出。

二、数字化与智能化技术

（一）AI与物联网监测

AI与物联网在绿色电商中的应用日益广泛，成为推动环保技术发展的重要力量。AI技术通过数据分析优化库存管理，能够精确预测市场需求，减少库存过剩和资源浪费。这种智能化的库存管理模式不仅提高了企业的运营效率，还在一定程度上减轻了对环境的负担。此外，物联网监测系统在产品运输过程中发挥着重要作用。通过实时跟踪产品的运输状态，物联网技术提高了物流透明度，确保环境友好型产品能够安全交付到消费者手中。这种技术的应用不仅提升了消费者对绿色产品的信任，也为企业在环保方面的承诺提供了有力支持。

AI算法的应用不仅限于库存管理，它还能够深入分析消费者的行为，为其提供个性化的产品推荐。这种基于数据分析的推荐系统，不仅增加了绿色产品的曝光率，还有效促进了其销售。通过对消费者偏好和购买行为的深度分析，AI技术能够帮助企业精准定位目标客户群体，提高市场营销的针对性，进而推动绿色消费理念的普及。此外，物联网设备在仓储管理中也发挥着至关重要的作用。通过智能化监控，这些设备能够有效降低能源消耗，提高仓储运营的效率。这种技术应用不仅有助于降低企业运营成本，还能够实现绿色电商的可持续发展目标。

AI与物联网的结合，赋予绿色供应链管理更高的效率和灵活性。在这种技术的支持下，企业能够更好地整合供应链资源，实现信息的实时共享和动态调整。这种高效的供应链管理模式，不仅加快了产品从生产到销售的流转速度，还有效减少了资源浪费和环境污染。通过推动企业向可持续发展转型，AI与物联网技术在绿色电商领域发挥着不可或缺的作用。它们不仅为企业带来了新的商业机遇，也为社会的绿色发展提供了技术支持，成为数字经济时代绿色电商创新模式的重要组成部分。

（二）区块链与碳足迹追踪

区块链技术在碳足迹追踪中的应用，能够提供透明、不可篡改的记录，确保企业的碳排放数据真实可信。在数字经济时代，数据的真实性和透明度对于企业的可持续发展至关重要。区块链技术通过其去中心化的特点，记录每一个碳排放事件，使数据无法被篡改或删除。这种特性不仅提高了数据的可信度，还为企业在碳排放管理中提供了可靠的基础。区块链的应用可以有效防止数据造假和不当修改，增强企业的社会责任感和公众信任度。

通过区块链实现碳排放数据的实时共享，促进不同利益相关者之间的合作，推动绿色电商的可持续发展。区块链的去中心化特性允许各方在一个共享的网络中实时访问和更新数据，减少信息不对称。企业、政府、消费者和非政府组织都可以在同一平台上查看碳排放数据，提高透明度。这种实时共享机制不仅提高了合作效率，也为各方提供了更好的决策依据，推动绿色电商在全球范围内的可持续发展。

区块链能够支持碳交易市场的建设，通过智能合约自动化交易流程，提高交易效率和降低成本。碳交易市场是实现碳减排目标的重要机制，而区块链技术的引入可以显著提升市场运作的效率。智能合约的自动化执行特性，能够在满足预设条件时自动完成交易，减少人为干预和交易延迟。这样不仅降低了交易成本，还减少了人为错误，提高了市场的透明度和公信力。

利用区块链技术，可以对产品的整个生命周期进行追踪，帮助消费者了解产品的环境影响，从而做出更环保的购买决策。通过区块链，消费者能够获取产品从原材料采购、生产、运输到销售的全过程碳排放数据。这种全面的透明度使消费者能够基于真实的环境影响信息进行购买选择，推动绿色消费理念的普及。企业也因此受到激励，优化生产流程，减轻环境负担，提升品牌形象。

区块链在碳足迹追踪中的应用，能够为企业提供数据分析支持，帮助其优化供应链管理，减少碳排放。通过对碳排放数据的深入分析，企业可以识别出供应链中的高排放环节，从而采取有针对性的措施进行优化。区块链提供的详细数据分析能力，使企业能够在保持生产效率的同时，减少不必要的碳排放，为实现绿色电商的可持续发展目标提供了有力的技术支持。

(三) 大数据与需求预测

大数据技术在绿色电商中的应用日益广泛，尤其是在需求预测方面发挥着关键作用。通过对海量消费者行为和偏好的分析，电商企业能够更准确地把握市场动态，优化产品供应链及库存管理。这一过程不仅减少了资源浪费，还提高了企业的运营效率。在数字经济时代，消费者的需求变化迅速且多样化，传统的预测方法已无法满足现有市场的复杂性。大数据技术的引入，使企业能够从数据中提取有价值的信息，指导决策过程，进而在绿色电商领域实现可持续发展。

利用大数据进行市场需求预测，电商企业可以提前识别绿色产品的市场趋势，从而制定更有效的营销策略。通过分析历史销售数据、市场动态及消费者反馈，企业能够预测未来的市场需求变化。这种前瞻性的预测能力，帮助企业在绿色产品的生产和销售上占据先机。尤其是在绿色电商领域，市场需求的准确预测不仅能提升企业的竞争力，还能推动绿色产品的普及和发展，为环保事业贡献力量。

大数据技术支持实时数据分析，使电商企业能够动态调整定价策略，以促进绿色产品的销售和消费者的购买决策。在激烈的市场竞争中，价格策略的灵活性往往决定了产品的市场表现。通过实时监控市场变化和消费者行为，企业可以快速调整产品价格，吸引更多消费者。这种动态定价策略，不仅提高了企业的盈利能力，还提高了消费者对绿色产品的接受度，推动了绿色消费理念的普及。

通过大数据分析，电商企业可以识别供应链中的环境影响，进而优化物流和配送流程，实现更高的资源利用效率。在绿色电商模式下，供应链的每一个环节都需要考虑环保因素。大数据技术的应用，使企业能够识别并减少供应链中的资源浪费，优化物流路径，降低碳排放。这种全面的供应链优化，不仅提升了企业的可持续发展能力，还为环境保护做出了贡献，体现了绿色电商的核心价值。

大数据在消费者反馈和满意度分析中的应用，帮助电商企业了解绿色产品的市场接受度，从而改进产品设计和服务。通过对消费者反馈的深入分析，企业可以识别产品和服务中的不足之处，进行有针对性的改进。这种基于数据驱动的改进过程，不仅提升了产品的市场竞争力，还增强了消费者对绿色产品的信任和满意度。在数字经济时代，大数据技术为绿色电商的发展提供了强有力的支持，推动了绿色消费市场的持续增长。

三、循环经济与资源回收

（一）逆向物流与回收体系

逆向物流与回收体系是绿色电商中至关重要的环节，它不仅涉及资源的有效回收，还关系环境保护的整体效果。逆向物流的定义可以追溯到产品生命周期结束后的处理过程，包括退货、维修、再制造及废弃物处理等。逆向物流在绿色电商中的重要性体现在资源的循环利用和环境负担的减轻上。通过逆向物流，企业不仅能够实现资源的最大化利用，还能减少对新资源的依赖，从而在一定程度上降低环境污染和资源浪费。这一过程的有效实施需要企业在物流环节中引入创新思维，将逆向物流视为整体供应链管理的一部分。

逆向物流流程的设计与优化是确保资源高效再利用的关键。首先，企业需要建立完善的退货处理机制，以便快速响应消费者的退货需求，并将退回的商品进行分类处理。其次，维修与再制造环节的设置可以延长产品的使用寿命，减少废弃物的产生。此外，优化逆向物流流程还包括提高运输和仓储效率，降低物流成本。通过科学的流程设计，企业能够在保障资源再利用的同时，提升物流运作的整体效率。这种优化不仅能提高企业的经济效益，还能为环境保护做出贡献。

建立有效的回收体系是促进消费者参与的重要手段。企业可以通过多种途径激励消费者参与回收活动，如提供回收奖励或积分制度。这不仅有助于提升品牌的社会责任感，还能增强消费者的环保意识。在回收体系中，企业应注重与消费者的互动，通过透明的信息披露和有效的沟通渠道，让消费者了解回收的意义和流程。通过这些措施，企业可以提高消费者的参与度，从而形成良好的循环经济模式，推动绿色电商的可持续发展。

逆向物流对企业成本控制的影响是不可忽视的。通过优化回收和再利用流程，企业可以大幅降低整体运营费用。例如，减少新材料采购和废弃物处理成本。企业在设计逆向物流体系时，需要综合考虑成本效益，确保在降低运营成本的同时，不损害服务质量和客户满意度。通过有效的成本管理，企业不仅能够提升自身竞争力，还能为绿色电商模式的推广奠定经济基础。

数据分析技术在逆向物流中的应用为提升回收效率和资源管理的智能化水

平提供了新的可能。智能回收设备的引入可以实现快速、准确的废弃物分类和处理，而数据分析技术则为逆向物流的优化提供了科学依据。通过对回收数据的分析，企业可以识别出物流环节中的瓶颈，并及时采取改进措施。此外，物联网技术的应用也能帮助企业实现对回收过程的实时监控，提高资源管理的精度和效率。这些技术的应用不仅提升了逆向物流的运作效率，还为绿色电商的创新发展提供了有力支持。

（二）再制造与再利用技术

再制造与再利用技术在绿色电商中扮演着至关重要的角色。再制造技术是指通过对废旧产品进行拆解、清洗、修复和测试等一系列过程，使其恢复到接近新产品的状态。这一技术在绿色电商中的应用，不仅能够延长产品的生命周期，还能显著减少资源的消耗，对环境保护具有积极意义。在数字经济时代，电商平台通过再制造技术有效地降低了供应链的资源依赖，推动了可持续发展。此外，再制造技术的应用有助于减少生产过程中的碳排放，为实现碳中和目标提供了技术支持。

再制造过程中的关键环节包括拆解、清洗、修复和测试。这些环节的有效实施是确保再制造产品质量与性能的基础。拆解是指将废旧产品分解为可用的零部件，清洗是对这些零部件进行彻底的清洁，以去除污垢和杂质。修复是对零部件进行必要的修整和更换，以恢复其功能和外观。最后，通过严格的测试，确保再制造产品在质量和性能上达到或接近新产品的标准。绿色电商通过这些环节的严密整合，确保了再制造产品的高质量和高性能，为消费者提供了可靠的绿色产品选择。

再利用技术涵盖了多种形式，如翻新、改造和升级。再利用技术不仅提升了产品的价值，还有效降低了环境影响。翻新是对旧产品进行外观和功能上的恢复，使其重新焕发活力；改造则是通过添加新功能或改变产品用途来提升其使用价值；升级则是通过技术的更新换代，使产品性能达到更高的水平。再利用技术的应用，不仅延长了产品的使用寿命，也减少了对新资源的消耗，符合循环经济的理念，推动了绿色电商的可持续发展。

再制造与再利用技术在供应链中的整合，对提高企业运营效率和确保可持续性具有重要的作用。在供应链中，企业通过再制造和再利用技术的应用，能够有效降低生产成本，提高资源利用效率。同时，这些技术的整合也增强了企业的市场竞争力，满足了消费者对绿色产品的需求。此外，通过优化供应链管理，企业能够实现资源的闭环利用，减少环境污染，提升企业的社会责任形象。

消费者对再制造与再利用产品的认知与接受度，直接影响市场需求和绿色消费行为。随着绿色消费观念的普及，越来越多的消费者开始关注产品的环保属性和再制造过程。然而，消费者对再制造与再利用产品的认知仍存在一定的偏差，这需要企业通过宣传和教育来提升消费者的接受度。通过加强对再制造与再利用技术的宣传，企业可以引导消费者的绿色消费行为，促进市场对绿色产品的需求，推动绿色电商的进一步发展。

（三）废弃物处理与资源化

废弃物处理与资源化在绿色电商中扮演着至关重要的角色。有效的废弃物管理不仅有助于环境保护，还能显著节约资源。在数字经济时代，电商企业面临着更大的废弃物处理挑战，尤其是包装材料的回收和再利用。废弃物处理的定义涵盖了从收集、运输到处理的完整流程，其在绿色电商中的重要性体现在对减少环境污染和节约自然资源的贡献。通过高效的废弃物管理，企业可以降低对自然资源的依赖，同时减少对环境的负担，实现可持续发展。

废弃物分类的标准与方法是提升废弃物回收率和资源化利用率的关键。科学的分类可以显著提高资源化的效率，减少资源浪费。电商企业可以通过建立完善的分类体系，结合先进的技术手段，如物联网和大数据分析，精确识别和分类废弃物类型。通过这些措施，企业不仅可以提高废弃物回收的效率，还能推动资源化利用，形成一个闭环的绿色供应链系统。这种分类方法在提升废弃物的资源化利用率方面具有显著的效果。

资源化技术的应用是废弃物转化为可再利用资源的核心。物理、化学和生物处理方法各具优势，利用不同的技术手段，可以将废弃物转化为有价值的资源。例如，物理处理方法可以通过机械分选实现废弃物的初步分离；化学处理方法通过化学反应实现废弃物的深度处理；生物处理方法利用微生物分解废弃物，实现资源的生物转化。这些技术在废弃物资源化过程中发挥了重要作用，为绿色电商提供了技术支持。

在废弃物处理与资源化过程中，企业需面对多种政策法规及合规要求。各国政府对废弃物管理的政策法规日益严格，企业必须在法律框架内开展废弃物处理活动，以确保其运营的可持续性与合法性。合规不仅是企业社会责任的体现，也是企业长久发展的保障。电商企业可以通过制定严格的内部管理制度，积极响应政策法规，确保废弃物处理活动的合法合规。

消费者在废弃物处理与资源化中也扮演着重要角色。提升消费者的环保意识和行为是推动废弃物资源化的重要途径。通过教育和宣传，消费者可以更好地理解废弃物分类和回收的重要性，从而积极参与到废弃物处理活动中。电商企业可以通过线上平台和社交媒体，开展环保宣传活动，增强消费者的环保责任感。这种公众参与模式不仅有助于提升废弃物处理的效率，还能促进绿色消费理念的普及。

第三节　绿色电商的消费者教育与引导

一、绿色消费意识培养

（一）环保宣传与公益活动

环保宣传与公益活动在绿色消费意识的培养中扮演着至关重要的角色。环保宣传活动的设计原则应包括目标明确、受众定位和信息传递的有效性，这些原则可以显著增强公众的环保意识。明确的目标能够确保宣传活动的方向性，受众定位有助于精准传达信息，而信息传递的有效性是确保宣传内容被正确理解和接受的关键。通过精心设计的宣传活动，公众的环保意识可以得到显著提升，这为绿色消费的推广奠定了基础。

在数字经济时代，社交媒体和数字平台成了环保宣传的重要工具。这些平台不仅能够扩大环保宣传的影响范围，还能够吸引更多年轻消费者参与绿色消费。利用社交媒体的广泛覆盖和互动性，企业可以通过发布环保信息、分享绿色生活方式等手段，激发消费者的环保兴趣，进而影响其消费选择。数字平台的互动性也为消费者提供了一个参与讨论和分享环保经验的空间，从而增强了他们的环保意识和行动力。

通过公益活动与消费者建立情感联系，是推动绿色消费的重要策略之一。这种情感联系不仅能够提高品牌忠诚度，还能够激励消费者积极参与环保行动。通过参与公益活动，消费者能够亲身体验到环保行动的意义，从而更加认同企业的绿色理念。这种认同感不仅体现在消费行为上，还可能促使消费者在日常生活中采取更多环保措施，进而养成绿色消费习惯。

社区环保活动如植树、清理垃圾等，是提升公众对环境保护的参与感和责任感的有效方式。通过这些活动，公众不仅能够直接参与到环境保护中，还能够增强对环保重要性的认识。这种参与感和责任感是推动绿色消费的内在动力，能够促使公众在消费选择中更加倾向于环保产品，从而支持绿色电商的发展。

教育机构与企业的合作在绿色消费意识的培养中也发挥着重要作用。通过开展绿色消费课程，能够增强学生和家庭的环保意识。这种合作不仅能够在教育层面普及环保知识，还能够通过企业的实际案例和资源，帮助学生理解绿色消费的现实意义和未来趋势。通过这种方式，未来的绿色消费者将在思想和行动上更加支持和推动绿色电商的发展。

（二）绿色消费教育课程

在数字经济时代的背景下绿色消费教育课程显得尤为重要。课程的目标设定旨在深化消费者对环保产品和可持续消费的认知与理解，这不仅是对消费者个人消费习惯的教育，还是对整个社会消费观念的引导。通过详细的课程设计，学生将学习到如何在日常生活中选择绿色产品，理解环保标签的含义，以及这些选择如何影响他们的消费决策。课程内容不仅停留在理论层面，还包括实践环节，使学生能够在实际消费中践行绿色理念。

在课程内容设计上，绿色消费教育课程包含了绿色产品的选择标准和环保标签的识别。这些内容帮助学生理解如何在琳琅满目的商品中辨别真正的绿色产品，识别环保标签并了解其对产品的认证标准。通过这些知识的传授，学生能够在日常购物中做出更为环保的选择，也能够影响身边的人，推动绿色消费的普及。此外，课程还讨论了绿色消费对环境和社会的积极影响，使学生在消费过程中能够更加自觉地承担起环保责任。

为了确保绿色消费教育课程的有效性，课程评估机制至关重要。通过问卷调查和反馈收集，教育者可以评估学生对绿色消费知识的掌握情况与行为变化。这不仅有助于了解课程的实际效果，还能为后续课程的改进提供数据支持。评估机制的设计需要考虑多方面因素，包括学生的认知变化、行为改变以及对绿色消费的态度转变。通过科学的评估方法，课程可以不断优化，以更好地适应学生需求和社会发展趋势。

与社会组织和企业合作是绿色消费教育课程的重要组成部分。通过开展联合活动，课程可以增强其实践应用性和社会影响力。学生在参与这些活动的过程中，不仅能够将课堂所学应用于实际，还能在与社会各界的互动中加深对绿色消费的理解。合作活动的形式可以多种多样，包括环保产品的展示、举办绿色消费主题讲座，以及参与绿色项目的实践。这些活动不仅丰富了课程内容，还为学生提供了一个展示和提升自我的平台，鼓励他们积极参与绿色消费实践。

（三）绿色消费标签与认证

绿色消费标签与认证在电商领域中扮演着至关重要的角色。作为一种消费者识别环保产品的工具，绿色消费标签帮助消费者在购物时快速辨别产品的环保属性。这不仅简化了消费者的决策过程，也在无形中推动了绿色消费意识的提升。绿色消费标签的定义不仅包括产品的环保性，还包括其生产过程的可持续性和对环境的低影响。这些标签成为消费者选择环保产品的指南针，引导他们在购物时做出更具责任感的选择。

绿色消费标签的种类多种多样，包括有机标签、可再生标签、低碳标签等，每种标签都具有独特的吸引力。有机标签通常吸引注重健康和自然的消费者，而可再生标签和低碳标签更能吸引关注环境保护和可持续发展的人群。这些标签不仅帮助消费者更好地理解产品的环保价值，也帮助企业在市场中定位自己的产品特色。通过分析各类标签的吸引力，企业可以更有效地制定市场策略，以满足不同消费者群体的需求。

绿色消费标签不仅有助于消费者选择环保产品，还能显著提升企业的品牌形象。拥有绿色消费标签的产品，往往被视为更具社会责任感和环保意识的选择，这种形象有助于增强消费者对品牌的信任与忠诚度。企业通过获得绿色标签认证，不仅能提高市场竞争力，还能在消费者心中树立负责任的品牌形象，从而在竞争激烈的市场中脱颖而出。

绿色消费标签的认证标准及其实施过程是确保标签真实性与可靠性的关键。严格的认证标准和透明的实施过程，有助于提升消费者的购买信心。认证过程通常涉及对产品原材料、生产过程、包装及运输等多个环节的严格审核，确保产品在生命周期的各个阶段都符合环保标准。这种严谨的认证机制，不仅保护了消费者的权益，也提升了绿色消费标签的公信力。

消费者对绿色消费标签的认知与接受度是影响其购买决策的关键因素。研究表明，消费者对绿色标签的认知程度直接影响其购买意愿和市场反应。教育和宣传活动在提升消费者对绿色标签的认知方面发挥了重要作用。通过深化消费者对绿色标签的理解，企业可以更好地引导消费者的购买决策，从而推动绿色消费市场的持续增长。

二、绿色消费行为激励

（一）绿色积分与奖励机制

绿色积分与奖励机制作为促进绿色消费行为的重要手段，正在受到越来越多的关注。通过精心设计的积分机制，电商平台可以有效激励消费者选择环保产品，从而推动可持续消费文化的形成。积分机制的设计原则至关重要，包括设定积分获取和使用的标准，以确保其公平性和可操作性。例如，消费者购买绿色产品或参与环保活动即可获得相应积分，而这些积分可以用于兑换商品或享受特定优惠。这一机制不仅能够提高消费者的购买欲望，还能够在潜移默化中培养其环保意识。

绿色积分对消费者行为的影响深远且复杂。通过积分激励，消费者的绿色消费意愿和频率显著提升。研究表明，当消费者意识到通过消费环保产品可以获得额外的积分奖励时，他们更倾向于选择这些产品。这种奖励机制不仅提升了消费者的购买欲望，还在一定程度上改变了他们的消费习惯，逐步向更可持续的方向转变。此外，积分的积累过程也增加了消费者的购物乐趣，使绿色消费不再仅仅是责任的履行，而且是一种积极的生活方式。

在绿色积分与品牌忠诚度之间，存在着密切的联系。消费者在积累积分的过程中，对品牌的认同感和忠诚度逐渐提升。积分不仅是对消费者环保行为的认可，还是一种情感连接的纽带。消费者在享受积分带来的实惠时，也会对提供这些奖励的品牌产生更高的好感度和信任感。长期来看，这种机制有助于品牌建立忠实的消费者群体，进而提升市场竞争力。

绿色积分的多样化应用场景也为其普及提供了更多可能性。在购物过程中，消费者可以通过购买特定产品获得积分；在参与环保活动时，也可以获得积分奖励；甚至在分享绿色消费经验时，也能积累积分。这种多元化的应用场景不仅增强了消费者的参与感，还使绿色积分成为一种环保、可持续和健康的生活方式的象征，进一步推动了绿色消费文化的普及。

绿色积分与其他奖励机制的结合，如优惠券、折扣等，能够综合运用多种激励手段促进绿色消费行为。通过将积分与其他奖励形式相结合，电商平台可以提供更具吸引力的激励方案。例如，消费者可以使用积分兑换优惠券或享受折扣，这种组合激励策略不仅提升了消费者的购买体验，还有效促进了绿色产品的销售。这种多层次的激励机制，能够在激烈的市场竞争中，为绿色电商开辟新的增长空间。

（二）绿色消费排行榜与社交分享

绿色消费排行榜与社交分享在促进可持续消费方面具有显著作用。绿色消费排行榜通过整合不同的评估指标，向消费者展示绿色产品的受欢迎程度和市场表现。排行榜的设计原则至关重要，需选取科学合理的评估指标和权重，以确保其公正性和透明度。评估指标通常包括产品的环保性能、生产过程的可持续性、包装材料的可降解性等。通过这些指标的综合评估，排行榜能够为消费者提供清晰的绿色消费指引，帮助他们在购买决策中优先选择环保产品。

社交分享在绿色消费排行榜中的作用日益突出。借助社交媒体平台，绿色消费排行榜能够迅速传播，吸引更多消费者的关注和参与。社交媒体的互动性和广泛传播性使排行榜信息能够更快地到达潜在消费者，增加其影响力。消费者可以通过分享自己的绿色消费体验，进一步扩大排行榜的影响范围，形成绿色消费的良性循环。社交分享也为企业提供了与消费者互动的平台，增强了品牌与消费者之间的联系。

消费者对绿色消费排行榜的认知与接受度直接影响其参与度。影响消费者参与排行榜活动的因素包括品牌信任和环保意识。品牌信任是消费者愿意信赖排行榜信息的基础，而环保意识是驱动消费者参与绿色消费的重要动力。提高消费者的环保意识和品牌信任，可以通过教育和宣传活动来实现，从而提升消费者对排行榜的认可度和参与度。

绿色消费排行榜的动态更新机制是其保持市场相关性的重要保障。定期更新排行榜数据，能够及时反映市场变化和消费者偏好的趋势，使排行榜始终保持新鲜感和吸引力。绿色消费排行榜的动态更新不仅包括对新产品的评估和纳入，还需对现有产品的表现进行重新评估，以确保排行榜的准确性和时效性。这种机制能够帮助消费者更好地了解市场动态，做出更为明智的购买决策。

绿色消费排行榜对绿色产品销售的促进作用显著。通过展示受欢迎的绿色产品，排行榜能够有效提升消费者的购买意愿。消费者通常会受到排行榜中排名靠前产品的影响，倾向于选择这些产品作为购买对象。排行榜不仅帮助消费者识别高质量的绿色产品，还为企业提供了展示自身环保努力的平台，进而推动绿色产品在市场中的普及和销售增长。

（三）绿色消费社区与用户互动

绿色消费社区与用户互动在绿色电商中扮演着至关重要的角色。这些社区不仅为消费者提供了一个分享和获取绿色消费信息的平台，还通过互动和交流，增强了用户的参与感和归属感。在数字经济时代，绿色消费社区的构建原则尤为重要，选择合适的平台和工具是促进用户间互动与共享的关键。通过社交媒体、论坛以及移动应用等平台，社区能够实现信息的高效传播和用户的便捷互动，为绿色消费理念的普及提供了良好的条件。

在绿色消费社区中，用户不仅是信息的接收者，更是积极的参与者和贡献者。消费者通过分享自己的绿色消费经验和建议，不仅能帮助其他用户做出更环保的消费决策，还能推动整个社区的活跃度和参与感。用户的角色转变使社区成为一个动态的知识共享平台，促进了绿色消费文化的传播和深化。这种互动模式不仅提升了用户的消费体验，还增强了他们对绿色产品的认同感和忠诚度。

为了进一步激励用户参与绿色消费社区活动，设计有效的激励机制是必不可少的。积分奖励、活动参与等激励措施，可以有效提升用户的活跃度和参与积极性。这些机制不仅鼓励用户积极参与社区活动，还通过奖励制度提升了用户的绿色消费意识。社区活动的多样性和趣味性也吸引了更多用户的关注和参与，为绿色消费理念的推广注入了新的活力。

在绿色消费社区中，信任的建立是增强用户购买意愿和提升社区活跃度的基础。通过透明的信息交流和用户评价，社区能够为消费者提供真实可靠的产品信息，增强他们对绿色产品的信任。用户之间的相互评价和反馈机制，也为社区的健康发展提供了保障。这种信任关系的建立，不仅促进了绿色产品的销售，还提升了消费者对绿色消费的信心和热情。

评估绿色消费社区的影响力是衡量其成功与否的重要标准。社区对用户消费行为的影响，以及在推广可持续消费方面的效果，是评估的关键指标。通过对用户参与度、消费行为变化及社区活动效果的分析，可以全面了解社区在绿色消费推广中的作用。这种评估不仅为社区的持续发展提供了方向，也为绿色电商的创新模式提供了实证支持。

三、绿色消费品牌建设

（一）绿色品牌定位与价值观

在数字经济时代，绿色品牌的定位至关重要，应该紧密围绕可持续发展的理念展开。企业在进行绿色品牌定位时，需要明确其在环境保护方面的承诺与责任。这不仅是为了顺应市场趋势，更是对社会和环境的一种责任担当。通过强调可持续发展，企业可以在消费者心中树立负责任的品牌形象，从而在激烈的市场竞争中脱颖而出。

建立绿色品牌的价值观，要求企业在生态友好、社会责任和经济效益之间找到适当的平衡。企业需要明确其在这些方面的立场和目标，以确保品牌形象与消费者的期望一致。只有通过这种明确的价值观，企业才能在消费者心中建立可信赖的品牌形象。这要求企业在其运营和发展过程中，始终如一地坚持这些价值观。

透明的供应链管理是绿色品牌传达其环保理念的关键。通过向消费者展示产品从生产到销售的全过程，企业可以提高品牌的可信度和客户忠诚度。消费者越来越关注产品的来源和生产过程，透明的供应链不仅能提升品牌的声誉，还能促进消费者对品牌的认同和信任。这种透明度也为企业提供了一个机会，展示其在环境保护方面所做的努力和成就。

品牌传播策略应围绕绿色价值观展开，通过教育和宣传活动提升消费者对绿色品牌的认知与认同。企业可以通过多种渠道和方式，向消费者普及绿色消费的理念和品牌的环保贡献。通过这种方式，企业不仅能提高品牌的知名度，还能引导消费者的购买行为，促进绿色消费文化的形成。

绿色品牌的成功在于与消费者建立情感连接，使消费者在购买决策中不仅考虑产品的功能，还重视品牌的环保贡献。这种情感连接能够提高消费者对品牌的忠诚度，使其在选择产品时更倾向于支持那些在环保方面表现突出的品牌。通过这种方式，绿色品牌不仅能够实现商业利益，还能够推动社会的可持续发展。

（二）绿色品牌传播与口碑管理

绿色品牌传播与口碑管理在数字经济时代的电商环境中扮演着至关重要的

角色。有效的品牌传播策略不仅能提升品牌的市场知名度，还能增强消费者对品牌的信任和忠诚度。尤其是在绿色消费领域，品牌的环保实践和承诺成为消费者选择的重要标准。因此，品牌传播策略应注重透明性，确保消费者能够清晰了解品牌的环保实践和承诺。这种透明性不仅体现在产品的生产和供应链环节，也体现在品牌与消费者的沟通中。通过透明的信息披露，品牌能够更好地赢得消费者的信任，并在市场中树立良好的绿色形象。

在数字化浪潮的推动下，社交媒体平台成为品牌与消费者互动的重要渠道。通过这些平台，品牌可以与消费者建立更紧密的联系，增强品牌的参与感和社区感。社交媒体不仅是品牌传播信息的途径，也是消费者分享体验和反馈的平台。通过鼓励用户生成内容的分享，品牌可以获得更广泛的传播效果，同时也能从消费者的反馈中获得宝贵的市场洞察。这种互动不仅有助于提升品牌的知名度，还能提高消费者的品牌忠诚度，形成良好的口碑效应。

影响者营销在绿色品牌传播中同样发挥着重要作用。选择与品牌价值观一致的意见领袖进行合作，可以有效扩大品牌的绿色形象和市场影响力。影响者通常在其社交圈中拥有较高的信任度和影响力，通过他们的推荐，品牌可以快速地触达目标消费者群体。影响者与品牌的合作需要注重价值观的一致性，以确保传播信息的真实性和可信度。通过这种合作，品牌不仅能够提升市场影响力，还能进一步巩固其在绿色消费领域的领导地位。

品牌的可持续发展报告是展示其在环境保护和社会责任方面实际成果的重要工具。定期发布这些报告，不仅能向消费者展示品牌的环保承诺和实际进展，还能增强品牌的透明度和公信力。通过详细的数据和案例，品牌可以更好地向消费者传达其在可持续发展方面的努力和成就。这种信息的披露，不仅有助于提升品牌的市场形象，也能增强消费者对品牌的信任和支持。

（三）绿色品牌信任与忠诚度

在当今数字经济时代，绿色品牌信任与忠诚度扮演着至关重要的角色。绿色品牌信任的建立依赖于透明的信息披露，尤其是在环保方面的具体措施和成就。这种透明度不仅是企业向消费者传递信息的方式，还是增强消费者信任感的基础。消费者希望看到企业在可持续发展方面所做出的具体努力和取得的成就。通过公开的、详细的环保报告和数据，企业能够清晰地展示其在环境保护中的贡献，从而赢得消费者的信任。透明的信息披露使消费者能够更清楚地了解企业的环保承诺和实际行动，这种信任的建立是形成绿色品牌忠诚度的前提。

品牌忠诚度与消费者对品牌的环保承诺之间存在显著关联。研究表明，消费者更倾向于选择那些积极践行可持续发展的品牌。这种忠诚度不仅体现在购买行为上，还体现在消费者愿意为品牌传播正面口碑的倾向上。随着全球环保意识的增强，消费者越来越关注品牌的环保表现。他们希望自己的消费行为能够支持那些真正致力于环境保护的企业。因此，企业在制定品牌战略时，需要将可持续发展作为核心价值之一，以吸引并维持这部分消费者的忠诚。

消费者的环保意识提升直接影响绿色品牌的信任度。教育和宣传活动在其中起到了重要作用。通过各类环保教育活动和宣传，消费者的环保意识得以提升，这直接增强了他们对绿色品牌的认同感。企业可以通过多种渠道进行环保知识的普及，如社交媒体、环保讲座和社区活动等。这不仅有助于增强消费者的环保意识，也能强化他们对品牌的信任与忠诚。消费者在了解更多环保知识后，更加倾向于选择那些在环保方面表现突出的品牌，从而形成品牌忠诚度。

绿色品牌的社会责任感在消费者心中占据重要位置。企业通过参与公益活动和环保项目，不仅能够提升品牌形象，还能提高消费者的忠诚度。消费者越来越重视企业的社会责任表现，他们希望自己的消费行为能够支持那些对社会和环境有积极贡献的企业。通过参与各种公益和环保活动，企业可以展示其社会责任感，进而赢得消费者的好感和忠诚度。这样的品牌形象不仅能吸引新客户，还能保持现有客户的忠诚度。

品牌的用户体验与服务质量对绿色品牌信任和忠诚度的影响显著。良好的售后服务和环保产品的使用体验能够增强客户的再次购买意愿。消费者在购物过程中，不仅关注产品本身的环保性能，还重视购买后的服务体验。企业需要确保其产品和服务在各个环节都能体现出环保和高质量的特点。通过提供优质的用户体验和服务，企业能够进一步巩固消费者对品牌的信任和忠诚。这种良好的体验不仅能提高消费者的满意度，还能促使他们在未来继续选择该品牌。

参考文献

[1] 李晶. 数字经济时代我国跨境电商高质量发展路径研究 [M]. 武汉：华中科技大学出版社，2024.

[2] 朱志辉. 跨境电商经济发展研究 [M]. 西安：西北工业大学出版社，2024.

[3] 沈向东，沙飞. 跨境电商 [M]. 苏州：苏州大学出版社，2024.

[4] 席元凯. 数字经济与江西物流业的融合发展 [M]. 北京：中国商务出版社，2024.

[5] 赖玲玲. 数字经济时代农村电商高质量发展范式 [M]. 北京：九州出版社，2024.

[6] 阮晓文. 数字经济视域下江苏省跨境电商发展的研究 [M]. 南京：东南大学出版社，2025.

[7] 郑佳. 农产品电子商务 [M]. 成都：西南交通大学出版社，2025.

[8] 赵琼，吴岚. 零售基础 [M]. 武汉：华中科技大学出版社，2025.

[9] 周俪. 电商直播顾客参与行为研究 [M]. 厦门：厦门大学出版社，2024.

[10] 葛杭英. 电商直播话术实践 [M]. 北京：电子工业出版社，2024.

[11] 任媛媛. 数字经济与国际贸易创新发展 [M]. 北京：中国商务出版社，2024.

[12] 汪普庆，喻梦倩. 数字经济下生鲜食品电子商务研究 [M]. 武汉：武汉大学出版社，2024.

[13] 张春玲. 数字经济背景下中国跨境电商发展与人才培养研究 [M]. 北京：中国文联出版社，2024.

[14] 熊友君. 直播电商：带货王修炼真经 [M]. 北京：中国广播影视出版社，2021.

[15] 杨自力. 跨境电商英语 [M]. 上海：复旦大学出版社，2021.